世界海关组织进出口业务研究译丛

经认证的经营者(AEO)实施指南

胡兴文 编译

中国海关出版社有限公司
·北京·

图书在版编目（CIP）数据

经认证的经营者（AEO）实施指南/胡兴文编译．—北京：
中国海关出版社有限公司，2023.7
ISBN 978-7-5175-0531-0

Ⅰ.①经… Ⅱ.①胡… Ⅲ.①国际贸易—认证—指南
Ⅳ.①F740-62

中国版本图书馆 CIP 数据核字（2021）第 217614 号

经认证的经营者（AEO）实施指南

JING RENZHENG DE JINGYINGZHE（AEO）SHISHI ZHINAN

译　　者：胡兴文
责任编辑：李　多　邹　蒙
出版发行：中国海关出版社有限公司
社　　址：北京市朝阳区东四环南路甲 1 号　　邮政编码：100023
编 辑 部：01065194242-7530（电话）
发 行 部：01065194221/4238/4246/5127（电话）
社办书店：01065195616（电话）
https://weidian.com/?userid=319526934（网址）
印　　刷：北京中献拓方科技发展有限公司　　经　　销：新华书店
开　　本：710mm×1000mm　1/16
印　　张：9　　字　　数：160 千字
版　　次：2023 年 7 月第 1 版
印　　次：2023 年 7 月第 1 次印刷
书　　号：ISBN 978-7-5175-0531-0
定　　价：38.00 元

《世界海关组织进出口业务研究译丛》编委会

前言及翻译说明

随着经济全球化和科技的发展，世界各国的政治、文化、经济的交流已成为不可逆转的趋势。海关作为国家政策的执行机关，在当今经济全球化浪潮中具有重要而特殊的地位，肩负守卫国家经济大门、维护国家经济利益、服务经济发展和保护社会的重任。而在当今经济日益全球化和供应链日趋一体化的背景下，要完成上述的任务单凭一国海关之力已成天方夜谭。同时，区域贸易一体化的发展也要求各国海关制订统一、协调、一致的标准和作法，以实现贸易便利化，减少制度上的交易成本，提高企业的效益以及不同国家之间商品的有效流动，实现不同国家间的互惠互利。同时，海关面临的执法环境日益复杂，因此，只有建立有效的国际海关的合作机制，共享信息，学习彼此有益的做法和经验，才能更好地打击违法犯罪活动。

为了能提高执法水平和服务水平，我国海关不但需要了解海关执法相关的国际规则，也要学习国际海关最先进的管理经验。这就需要对国际海关最新的经典工具、指南类书籍、手册等进行译介，以供国内海关和企业相关从业人员学习和研究。国际海关经典工具、指南类书籍、手册的翻译工作有助于我国海关学习国际海关先进理念和技术，有利于推动我国海关的现代化进程，进而有助于我国海关智库的建设，并最终达到服务社会、服务国家发展的目的。

为此，上海海关学院海关外语系组织专门的翻译团队，结合海关事业发展，聚焦海关事业发展的实际需求，翻译出版《经认证的经营者（AEO）实施指南》一书，以期助力海关事业发展，同时不断提升海关外语系翻译团队教师的翻译水平，为培养复合型、高素质翻译人才做好前期的准备工作。该书由胡兴文编译，郑继正、吴慧审校。

该书以世界海关组织发布的《经认证的经营者实施指南》（2010年版）和《经认证的经营者项目纲要》（2016年版）为底本，介绍了经认证的经营者的定义、如何启动、外部协作、实施国家级别AEO计划的9个阶段、实施中的和拟开展的AEO项目、运行中的和即将启动的海关合规项目、与其他国家（地区）和国际机构的合作、世界贸易组织关于贸易便利化的协定、双边互认协议等方面，对学习和从事海关事务尤其是经认证的经营者的学生、海关关员以及从事外贸的人员和相关研究者具有一定借鉴意义。由于从翻译到出版需要花费一定时间，而经认证的经营者一直在变化发展中，我们在翻译中保持了原貌，有关经认证的经营者的最新进展以世界海关组织发布的最新版本为准。

该书可供海关管理部门、企业经营与管理者、海关院校的师生、相关研究人员参考使用。

吴 慧

2023 年 2 月

目　录

经认证的经营者实施指引

经认证的经营者项目纲要

经认证的经营者实施指引[①]

1. 介绍

经认证的经营者（AEO）是一种示范计划，许多海关正在采取这种计划，以确保和促进全球贸易。其同时提供激励措施，使海关和已决定合作的贸易商受益。世界海关组织《全球贸易安全与便利标准框架》（SAFE）是一份为此目的提供全面指导的文件，但为了使这些措施生效，实施工作将需要对实际问题进行考虑和解决。因此，本文的目的是为AEO计划的开发和实施提供基本的逐步指导。重要的是，要了解到，无论是否知道如何迈出第一步，还是出于兴趣想要获取其他理念和想法，根据每个管理部门的情况，本文将用于不同的目的。因此，本文只是作为指导，并不是强制性的。

项目负责人在考虑实施该计划时，必须先考虑其国家（地区）的经济和贸易现实。问题因此而提出：一个进口计划会给发展中国家提供对其而言最重要的稳定和可预测的税收吗？与此同时，出口计划可能会带来更好的市场准入和更大的国际知名度，从而对国（地区）内税收（因为销售得越多，财政收入就越多）或投资产生直接影响。因此，该公共机构的项目负责人从一开始就需要对计划的最终目标有一个预估，从而知道计划该如何推进。在考虑实施之前，第一步应当是进行成本效益分析，以清楚地确定在政府、海关和产业层面上AEO计划的效益和对资源产生的影响。

2. 启动——内部过程，承诺和政治意愿

整个决策过程必须从项目负责人开始。为使该计划取得成功，项目负责人必须从一开始就参与并亲自承诺。该计划将需要资金和资源，这意味着项目负责人必须与部长甚至可能是总理会面，以确保对计划的启动提供必要的支持。确切来说，来自部长级别的支持将有助于与其他部长级部门的合作。其他涉及边境活动的部门的早期参与，将大大减少以后发展和实施阶段中的问题。项目负责人直接参与的其他重要原因还有在贸易和运输界提高方案可

信度，为制订方案的团队提供切实支持，并确保所有海关官员了解该方案的重要性。

一旦项目负责人承诺制订 AEO 计划，下一步就是组建一个工作组，其中包括高级经理、贸易合规官、海关现场官员、海关法律顾问、人力资源代表和其他可能提供宝贵意见的人。该工作组的目的是制订该计划的总体战略和总体意见，开发基础设施，同时考虑到世界海关组织旨在确保和促进全球贸易的 AEO 标准框架，以及开发试点项目并将报告结果提供给项目负责人。项目负责人必须为海关提供关键的战略要点，例如可以与另一个国家（地区）建立相互承认的政策等。

获得来自上级的委托 → 开发试点计划 → 开发基础设施 → 开发蓝图和战略 → 正式确定工作组

使 AEO 计划获得相互承认是《全球贸易安全与便利标准框架》的主要目标之一，对于许多主管部门来说，这一点有助于为其计划的启动提供资金。互认计划正渐渐走向正轨，但应该认识到，在考虑相互认证之前，需要建立一个完全成熟的 AEO 计划，而不是一个暂时计划。

也有一些例外，比如一个区域方案，其中所有参与的主管部门都对计划的发展有发言权，或双边协议在两地政府间通过同步的过程早已达成。工作组必须仔细审查《全球贸易安全与便利标准框架》的“AEO 标准和指南”，并研究其他主管部门的计划，以确保兼容性。值得注意的是，相互认证仍处于发展阶段。在撰写本文时，双边互认协议还不到一打，并且出于公平，本文的涵盖范围应比所述的更广，因为本文涵盖了实施过程。

本文未涉及的必须查看的其他注意事项包括以下几个方面。

——对于包括出口的 AEO 计划，海关必须通过国家级别的立法，来获得控制出口的权力和能力。这对于向接收命令的部门提供保证和使贸易获得真正的益处来说都是必要的。

——全面有效的计算机化风险管理程序将使海关能够从众多进出口报关单中区分出 AEO 货物，并对这些货物减少检查，包括随机检查，这对于向 AEO 成员提供福利至关重要。AEO 成员将拥有自己的档案，因为风险评估和识别来自其他计划的 AEO 货物将成为此类计划的必要条件。

——推行一个廉政程序，以减少可能妨碍 AEO 计划建立的任何腐败问题。

启示

根据各管理部门的状况，我们建议，如果与这些部门没有私人关系，可以开始发展工作关系。但是，正如前文所说，最后的步骤包括3个部分，如果某一部门确实有缺陷，则每个部门都需要对每一部分进行评估和改进。

应该指出，进行试点项目不是先决条件。但是，对于许多主管部门，建议其在正式实施 AEO 计划之前进行试点，以改进流程并识别出可能存在的问题。

3. 外部协作——融入贸易的过程

主要工作组不仅负责通知项目负责人，还将与贸易部门合作，组建一个联合组，调查私营部门的参与情况，并就贸易问题向海关提供建议。最初，这两个独立的工作组可以单独工作，以解决不同但必要的问题，然后共同审查进展并相互协助。两个工作组应经常共同通过公共论坛和其他适当的沟通机制，例如，专门用于该项目的网站、传单或小册子、新闻简报，通知利益相关者。如果主管部门选择进行试点，一旦试点项目开始实行，则这两个工作组将合并成为一组运行。

4. 实施国家级别 AEO 计划的 9 个阶段

前言与分析 → 策略规划 → 试点试行 → 监测与评估 → 扩大试行范围 →

试点实行 → 进一步试点 → 在所有试点实行 → 计划完成

4.1 前言与分析

贸易管理和交流项目

创造企业与海关进行对话的机会，对话中应提出和讨论 AEO 计划总体思路。建议组建 1 个如上文所述的海关核心工作组，以及 1 个能够代表海关工作组的独立贸易组。每个小组将确定各自的小组任务和工作方式并定期开会。

启示

最初，较为繁重的工作负荷将落在海关小组，因为他们对其他计划和行业内的每个部门如何运作比较了解。

在一个如《全球贸易安全与便利标准框架》的第二部分所述的海关对企业合作伙伴关系之中，海关不仅是责任方，也是其政府结构内的监管机构。

贸易管理项目

应从国家层面分析和评估交易成员。海关应确认和鉴别那些被主管部门收取大部分税收的公司。由于税收对许多主管部门来说非常重要，而它们在国家预算收入中占了很高比率，因此确保这些公司的合规性和会员资格能保证主管部门的大部分收入，从而减少一些主管部门主要担心的问题，并通过积极强化成员的优势来争取其他公司加入。

确认这些公司的合规性和获得他们的支持，将有助于首次对会员进行粗略选择。其中许多公司也可以在贸易界起到积极的强化作用。同样，如果他们的经验具有负面影响，他们可能会给该计划带来不好的声誉。

贸易管理和交流项目

确定 AEO 计划的收益水平尤为重要，因为这有助于确定以后的资源（人力和财力资源），并有助于获得私营部门以外的利益相关者（政府及其他机构等）的支持。

确定和鉴别可能受影响或者可能对流程或计划产生影响的所有利益相关者至关重要，该过程依赖良好的沟通渠道，同时也能增加实现成功计划的机会。例如，边防警察、移民部门、标准部门、运输和农业部门、边境的一些代表机构应该参与其中。其他主要利益相关者包括部长级、议会级工作人员，以及所有贸易和运输部门。每个主管部门都将了解哪些利益相关者会感兴趣，以及哪些利益相关者需要通过信息和对话来合作，以使他们相信这种类型的举措。因此，尽早评估哪些利益相关者将支持该计划，并且帮助其他利益相关者合作，可能是一个明智之举。

法律项目

必须有法律顾问的参与，以确定在实施之前需要解除的可能的法律或行政限制。例如，需要考虑海关是否具备“认证”一家公司的参与目的的必要法律权力。

海关将需要设计 1 个程序来审查申请该计划的公司。其中可以包括审查进出口合规记录、公司及其官员的任何犯罪记录、税务合规性、财政偿付能力、安全和保障，最后查看其整体业务组合。所有这些都可以包含在用于审批计划的应用程序之中。在这方面，《全球贸易安全与便利标准框架》中有涉及海关和 AEO 的详细条件和要求，在设计此过程时应予以考虑。应根据世界海关组织常见问题里关于“AEO 和中小企业”的所述，灵活处理中小企业的需求。

这种参与计划的审查程序将继续在海关内部执行，不应与私营部门分享，只是让他们知道公司的历史和合规性将得到审查。

人力资源开发

分析在此计划下工作的员工的关键绩效指标，并根据这些要求进行培训。其中涉及是否拥有专门的劳动力、充分的培训措施和指定的绩效指标。

启示

可能需要制定针对此特定任务的行为准则，以确保计划的完整性和可信度。

贸易管理

分析对分配人员进行验证和放行后审计的需求。或者，如《全球贸易安全与便利标准框架》所述，如果任命第三方，就为他们制定明确的方法，以确保计划的合规性和可信度。最终，海关将负责管理代表他们执行的第三方的行为并保留对该计划的监督。

贸易管理（系统支持）

在制订计划时，审查能够允许海关和成员之间提交申请和沟通的选项和双向“门户”的最佳开发方式，是一种在长期上更有效的沟通方式。

海关主管部门	AEO 参与者
• 促进与其他相互认可国家（地区）交换 AEO 数据的能力。 • 改善 AEO 申请数据的管理： 使 AEO 申请流程更加可视化，更易于审核； 能够以电子方式接受/处理更改/更新 AEO 计划； 将 AEO 申请与内部系统同步，以便通过用户身份限制海关范围的访问； 减少纸张使用，加强问责制； 增加工作负载测量和报告功能。	• 更轻松、更安全地提交、更改、更新应用程序信息； • 海关的响应时间更快； • 有访问安全门户网站上的在线培训信息的途径。

启示

支持门户、系统的可用性和必要性将取决于可能寻求或获得 AEO 身份的贸易商的数量。如果一个小国家希望 10 个贸易商成为 AEO，他们就不需要这么复杂的系统。除预期的 AEO 数量之外还要考虑的另一个因素可能是所需系统的复杂性（例如，如果关税同盟决定采用联合 AEO 概念，他们就必须考虑及时交换信息）。

第一阶段的最后一步是形成 AEO 计划结构的最终草案，其中应包括加入该计划、申请流程、认证、检验、受益、除名或吊销，以及上诉程序的明确要求。总干事应审查并批准该文件。私营部门委员会可以审查并向海关提供对贸易有意义的反馈和建议及相关的想法，并在可行的情况下将其纳入其中。

启示

海关和私营部门并不能永远达成一致，但最终海关必须记住，海关作为监管机构的作用必须优先。例如，作为一项福利计划，参与者要求不进行进口或出口纳税是不可行或不合理的。但是，海关要求单点联系是合理的要求。

一旦海关有了构建计划，应该与私营部门分享这一初步结构，并倾听他们的建议和想法。在可行的情况下，有关的意见和好的建议应该被采纳。

4.2 策略规划

贸易管理和传播战略策划

在试点开始之前，海关应该为私营部门召开研讨会，解释他们开始实施AEO项目的计划，这将有助于告知企业行政部门的意图，并促进这一特定计划的开展。确定开始试点的运营商类型，即总数（我们建议从小规模开始，不超过10个）、代表规模（包括符合标准的志愿者、中小企业、大型和跨国公司）和业务类型（产品、技术等），以及试点是否以区域为重点或是否尝试面对主要市场（此项由海关决定）。

考虑允许贸易委员会选择哪些运营商参与试点活动的想法。确定程序的范围，该程序还应该涉及进口协议或出口协议（1个或2个，尽管开始重点关注1个可能更现实），以及主要类别的参与者（中间商、承运人等）。人力和财力资源决定了在供应链中允许多少实体进入该计划。因此，从进口商和出口商开始，重点关注那些签订服务合同的人，（如果资源允许）接下来由中间商对项目中的文书工作、运输、港口进行处理。

启示

通过以进口商或出口商为起点，可能会使行为变化发挥最大效益，因为是这些合同服务的供应商将商品从供应链中的一端转移到另一端的。

对于试点，应该使志愿者选择有兴趣帮助推动该计划的运营商。

贸易管理、风险管理和智能项目

使用《全球贸易安全与便利标准框架》标准和指南确定简化方式或可获得的益处的类型和标准，以便成为AEO计划中的参与者。

确定验证过程如何进行及由谁进行。确保从一开始就为管理该计划的所有人员制定一致的方法。

暂停和撤销公司的过程必须在计划开始时明确指出，并且出于公开透明的目的可供私营部门查看。此外，必须为寻求救济的公司制定申诉程序。世界海关组织已制定了上诉程序的模板。

贸易管理

确定IT、风险管理和运营支持的必要性，以成功识别和促进属于试点运营商的货物的发布。

如果可能且对两者都有利，请考虑基础设施变更（例如，边界点处的专用车道）或发展诸如感应读卡器、部件等的技术，以增加检查级别。

这是两项建议，但每届政府都需要通过咨询私营部门审查短期和长期的可行利益。

贸易管理和沟通战略

在启动试点活动和整合更多的运营商时设置标记。这还包括在扩展到更多数量或额外的贸易部分之前可以继续测试和完善协议的所有“分阶段”方法。

这个特殊步骤应该谨慎地进行。一旦团队认为他们已从初始测试组中清除任何问题或弊病，那么就将该程序向参与计划的其他人开放。（换句话说，如果该步骤从 10 个出口商开始进行，那么您现在应当将该步骤的内容对其他出口商开放。）

一旦第一个测试对象完成测试，应该为下一个实体（例如中间商）开发一个测试组，并开始使用它们来进行此步骤。

人力资源开发

让外地工作人员参与将有助于使外地工作人员成为该计划发展的一部分，并更有可能支持该计划，特别是在偏远地区设有偏远职位的国家（地区）。

召开研讨会，向所有员工（从行政人员到一线官员）提供有关该计划如何运作的信息，以确保他们为取得成功共同合作。

设定启动试点时间与实际主要计划的标记和绩效指标，并考虑在计划制定过程中需要向人员提供信息的类型。

贸易管理项目

在引入简化方式或获利方式时按序设定标记。

跟踪所有被给予的福利，从简单的方式，如研讨会，到更复杂的方式，如审计。

获得的福利应该“有意义、可衡量和可报告”。应记录和跟踪归因于该计划的所有福利。例如，对于仅由 AEO 成员使用的快车道，对成员每月使用次数与正常车道的使用情况和时间节省进行对比分析。

4.3 试点试行

贸易管理、风险管理和智能化

准备访问试点运营商并进行记录和实施（逐步进行）：

——公司分析；

——安全审查；

——成本效益审查；

——通过应用运营商组织特征、合规记录、业务量、货物类型和程序特点的风险映射方法进行认证。

建立特定于一个公司或实体的控制程序，以响应剩余的相关风险映射方法的结果和建议。

为公司提供一个既定的联系人，最好是一个参与原始访问的人，以确保整个过程的连续性（该官员可以成为几家公司的联系人）。

运行当前试点。

只选择 10 个（或更少）公司进行此测试，以避免压力过大。

4.4 监测与评估

过 渡

确定整个 AEO 计划的评估和监控阶段（认证、控制计划、使用/支持、立法限制、益处文本检索系统）。

应对给予公司的所有益处进行监督。对益处和这些益处的影响的记录将有助于海关预测对整个产业未来的好处。

人力资源开发

确认以下几点的需求：

——培训，以及根据功能，整个组织逐步需要的培训类型（例如，分配足够数量的具有主成分分析、风险分析、合规和执法领域经验的员工，以支持及时发展该项目）；

——为部署新技能所进行的招募；

——或暂时雇用专家并计划如何在组织内保留他们的知识或将他们的知识制度化。（海关应该一直做出这种获得内部知识的尝试，以便继续使服务专业化。）

贸易管理、风险管理、沟通和立法

评估和监控：

——认证方法；
——提供的福利和便利；
——控制程序；
——与其他利益相关者合作；
——立法或其他法律和行政限制。

4.5　扩大试行范围

贸易管理

通过允许更多的运营商或行业参与试点来扩大试点运营范围。如果中小企业不是试点初期的参与者，现在是他们参与的好时机，因为需要在此时修正一些对他们而言后果严重的错误。这一点非常重要，因为必须在此时考虑清楚很多因素，尤其是资源因素。允许所有实体参与计划，就需要能满足成员需求的人力和金融资源。这个计划永远不应该过分许诺，只有脚踏实地、切合实际地逐步实施才能给这个计划带来信誉。

贸易管理、风险管理、沟通和立法

第一年每6个月评估一次计划，以发现必须发现或解决的问题。(错误一定存在，而这并不是消极的。不从这些错误中吸取教训或尽快纠正它们会导致进一步的问题。)

4.6　试点实行

贸易管理

将试点活动纳入当前组织结构之中。

在需要逐步淘汰测试产品并按顺序引入组织中时进行标记。(如果存在相同质量的产品，则可为每个人提供产品或利益。)

4.7 进一步试点

贸易管理

进一步试点（试验活动）：

——进一步利用支持；

——进一步对简化方法或给予的益处进行测试；

——监控并评估结果。

4.8 在所有试点实行

人力资源开发

随后完成以前的测试活动。

对将在区域或地方与贸易商打交道的工作人员进行培训。

贸易管理与人力资源开发

实施支持与贸易商打交道的业务人员机制。

贸易管理

对给予的益处进行进一步测试并按顺序实施。

4.9 计划完成

完成实施 AEO 计划的立法和运作制度①：

通过起草 AEO 有关的法律法规，收集来自各方的公众评论和意见，并在立法会议上提交和审议，最终确定法律法规；

在全面实施 AEO 计划之前，应保留足够的准备期，并对私营部门开展充

① 这适用于需要这种立法结构的行政机构。

分的公共关系活动；

除了法律法规，关于AEO状态和利益的授权和撤销等标准的准则都应向公众公开，以确保政策在一个国家（地区）的高透明度和统一适用度。

海关有必要建立内部制度，例如建立一个共同的中心单位，统一解释AEO制度，避免海关人员随意实施AEO制度，以及确保AEO制度在全国（地区）范围内实施。

5. 其他要点

与任何指引一样，我们希望这将为那些学习如何开始一个计划的读者提供帮助。在某些情况下，本文中的要点可能适用或可能不适用，我们希望读者根据实际情况，利用它来指导和帮助自己做出决定。本文的参与者会告诉您这是一项艰巨的任务，需要时间并且需要资源。然而，最终，海关、贸易商和政府都将得到好处。

在附件中，我们想提一些“最佳方法”，这些方法可能有助于您计划的未来。

6. 经验教训总结

6.1 海关方面

——海关必须进行适当的审核，即使他们了解这家公司，也不应不经审查就给予AEO资格；

——海关应该在评估合规性时考虑到贸易商现有的审计报告或授权证书（为了加快授权和审计过程，这对于贸易及海关在节省金钱和时间方面都十分重要）；

——海关应与公司合作；

——海关应始终对贸易商提供的自我评估是否准确进行现场检查（这意味着应在公司进行实地检查，而不仅仅是基于纸张和材料的评估）；

——海关应酌情考虑其他现有认证的检查（国际标准化组织产品质量认证、海关—商贸反恐怖联盟标准或其他AEO资格、国际船舶和港口设施安保规则），这可以避免重复检查，并可以使这一过程更加便利；

——如果审计结果满足所有条件的要求，海关不一定要访问所有25个场所（这也节省了企业和海关的负担、金钱和时间）；

——海关应为公司指定客户协调员或联络点，使每个AEO企业可以通过一个联络点或服务中心接收信息；

——海关需要确保适当的培训，并且如果有若干机构参与AEO计划，则应在各机构之间交流结果、问题或发现，以便将最佳的实践方法发展到培训模块中。

6.2 企业方面

——有兴趣申请加入该计划的公司应准备申请，并且如果有相关要求需要先进行自我评估（这是文件的要求），公司为后续审计做的准备越充足，授权程序执行得越快；

——公司应与海关密切合作（合作关系也需要公司方的努力）；

——公司应该将申请和授权流程视为促进公司中的某些方案合法化和简化的可能性，使其符合法律规定或使其合理化。

附件

附件1 国家项目指南

行动	责任	大体时间
总干事决定实施AEO计划 • 成本效益分析 • 管理层的政治意愿 • 与其他机构/部委合作		
建立一个委员会或工作组来制订该计划 • 借鉴已有的计划经验（欧盟、美国、加拿大、约旦、新加坡、新西兰等） • 深入审查国家私营企业的运作方式 • 审查当前的风险管理计划 • 审查当前的诚信或道德记录项目 • 审查出口方案的立法权		
确定私营部门的利润水平（主管部门应确定有最多缴税责任的公司，确定中小企业、大型和跨国公司的利益） • 组建一个私营部门小组，以对应上述委员会 • 确定所有利益相关者（私营部门、部委、管理层、公众等）		

续表1

行动	责任	大体时间
第一阶段 • 自愿或强制 • 确定将与供应链计划中的哪些实体合作（建议采用分阶段的方法给予成员资格） • 制订计划要求和申请程序（到第一阶段结束时，所有参与者都应该清楚这些要求） • 审核（犯罪记录、不配合缴税等） • 合同/法律条款/保密条款 • 验证 • 立法（如有必要） • 福利 ○每个主管部门都需要在私营部门的帮助下寻找潜在的利益 ○不对人力或财政资源征税的益处，可能包括提供加急通关、联系点、前线服务、培训等 ○可能需要进行基础设施审查或与其他机构合作才能提供的益处，包括港口的成员通道（在成本效益分析可行的情况下）、获得其他部门的清关支持和接受等 ○最终，每个主管部门都需要审查并继续与私营部门合作，以发展可衡量的利益 • 中止/取消 • 上诉程序 • 人力资源（官员和培训）和资金 • 技术情报系统		

续表2

行动	责任	大体时间
第二阶段 ●向私营部门委员会提供您在第一阶段所概述的计划的副本，让他们有时间进行审查。与私营部门委员会会面，听取他们的意见，并提供机会给他们提出想法、建议和解决方案 ●应认真对待有助于改进计划的想法或解决方案，并尽可能采纳 ●私营部门可以提出他们感兴趣或希望看到的优势，如果可能的话，应该认真考虑实施 ●应给予私营部门一定的时间来确定答复，并根据建议或新想法修改时间计划 ●海关和私营部门委员会将举办研讨会，向所有私营部门宣传AEO实施计划和期望 ●建议私营部门委员会确定公司的试点计划 ●建议您从一个实体开始（选用进口商或出口商，由海关根据私营部门的建议做出决定）鼓励中小企业、大型和跨国公司、不同产品等参与。不要选择太多，而是从小开始，参与者应该明白可能存在错误，而他们应该帮助纠正错误		
第三阶段 ●在实施试点之前，海关必须举办研讨会，培训将参与试点的人员。最终，所有人员都必须接受培训 ●开发一个测试流程的试验，包括标记和绩效指标（建议从供应链中的一个实体开始，例如，先与进口商或出口商合作，6个月后允许中间商加入，等等） ○提醒：财政和人力资源将决定允许多少公司参与该计划——不要过度许诺 ●接受申请 ●将有专职团队进行审查（包括进出口历史、声明/支付职责、合规和犯罪记录） ●如果申请已被接受，就与公司会面以验证申请是否准确。如果是准确的，那么若在计划中没有不允许公司参与，则相应地分配益处 ●海关必须遵守承诺给予作为该计划成员的公司福利 ○保持所提供福利的记录（会员使用的专用车道、关于花费/咨询等的联系点） ●6个月后评估该计划以确定问题并解决问题 ●与私营部门委员会和参与试点的人员会面，听取意见以确认是否存在问题并解决问题		

续表3

行动	责任	大体时间
第四阶段 • 一旦试点运作良好，请允许其他实体参与该计划（建议在每个实体参与计划之间留出时间） • 制订自我检查或评估计划，以发现问题并加以纠正 • 海关将需要学习所需的其他专业知识，并将知识提供给相关人员 • 对试点和额外所需的资源和培训进行评估和监控		
第五阶段 • 如果资源允许，请进一步扩展计划范围。如果中小企业不是初始计划的一部分，那么现在就是允许它们加入计划的时机 • 继续与私营部门委员会一起监督和评估试点工作的进展情况，纠正所有错误或问题，并继续改进该计划 • 不要对现有成绩自满，因为计划需要发展和进步		
第六阶段 • 设置标记和绩效指标，以逐步淘汰试点并将流程纳入现有组织结构之中		
第七阶段 • 进一步使用 IT 支持 • 进一步测试简化的方式及给予的益处 • 监控并评估结果		
第八阶段 • 培训将在区域或地方层面与贸易商打交道的工作人员 • 完善支持处理计划的工作人员工作的机制 • 按顺序实施给予利益的进一步测试		
第九阶段 完成立法程序 • 起草对公众公开和透明的法律法规草案 • 公共关系必须在确定该方案的试点和最终实施之前进行 • 必须公开计划要求、暂停或撤职标准等，以保持较高的透明度 • 该方案应集中在行政部门实施，以确保对要求和标准的解释和应用保持一致		

注：如果您希望与其他国家和地区（如主要贸易伙伴）开展相互承认工作，那么您必须了解这些方案的不同之处，并审查如何使它们相互兼容，以免损害您的贸易部门。

附件 2　贸易便利化带来的好处

海关根据安全等级和合规性可提供的各种类型的简化形式：

提前期和可预测性

- 速度、快速流程和过境
- 无干预和传统的交易控制
- 一站式系统
- 一个不需停车、有快速通道的过境点
- 便利、简化的流程
- 替代控制场所，如仓库或贸易商场所

数据要求和数据提交

- 提交的信息较少
- 定期声明
- 簿记中的通知
- 追踪货物和运输
- 新的海关程序和惯例的简化
- 无须交付其他额外文件
- 重复使用业务系统中的信息
- 政府的“单一窗口”
- 货物集中清关
- 免费访问互联网上的所有电子政务服务

关系和质量问题

- 海关客户协调员
- 个体解决方案
- 重复使用公司质量体系和国际审核
- 国际认证

通过简化获得的贸易结果

- 物流链中的可预测性
- 更好的物流
- 透明度和中立竞争
- 更具性价比的控制
- 集中关键功能和能力
- 降低风险

- 减少管理
- 减少场所
- 降低员工成本
- 降低合规成本
- 降低技术成本

附件 3 为可信赖贸易商制订可持续的待遇计划的 10 个实际步骤

第 1 步：我们对可信赖的贸易商了解多少？

我们对贸易商的了解都在这一步骤表明。为此，必须收集有关贸易商的信息，特别是有关其货物的信息、适用于货物的法律和法规、规定贸易商使用的程序、收入利息、贸易信息、控制结果和贸易商在税收部门中的声誉。然而，获取信息的最快和最简单的方法是对贸易商进行控制。因此，快速完成第 4 步（将控制方法周期更改为 3 个月）和第 7 步（执行审计）是明智的。

除上述税务部门外，还必须与海关情报和执法中心、农业部门、检疫部门等重要的政府机构联系，以获取信息。以这种方式能确定贸易商的最新情况。

第 2 步：分析信息

一旦确定贸易商的最新情况，就必须记录到目前为止对该贸易商进行的控制以及这些控制的结果。通过这种方式，某些货物、集装箱、操作或其他方面是否还尚未检查将变得易于分辨。控制通常通过一种方式进行。这是最重要的，也是相当粗略的风险分析。

第 3 步：系统地处理信息并合并到文件中

有一个可以进行风险分析的模型，而某些信息可能包含在其中。收集的所有信息都在贸易商的档案中占有一席之地。因此，贸易商的档案是贸易商的最新信息。

第 4 步：将控制方法周期更改为 3 个月

在执行第 2 步时，如何进行贸易商的检查将变得明显。例如，有可能定期检查贸易商进口的产品的性质和成分，而从未检查过货物的数量。然后就可以得出，明智的做法是将控制的重点集中在货物的数量上一段时间。

例如，也可能发生通知控制措施长时间未执行的情况。因此，对一些通知运输的货物进行实物检查可能是明智之举。可以列举的例子有很多。因此，在一定时期内进行不同的控制很重要。换句话说，这一步将导致执行许多控制行为。

第 5 步：重新分析信息并合并到文件中

控制结果显示了贸易商和货物所带来的风险。他们还会以不同的方式显示贸易商的行为。在试图找到所需的控件组合时，这是非常重要的信息。通过这种方式，风险分析正在得到完善。

第 6 步：准备审计

对于每个贸易商，应建立并执行混合控制。混合控制措施的组合包括实物检查、申报审查和（清关后）审计。审计尤其为整个供应链提供了重要的附加信息。因此，对于已经制定程序的贸易商以及在同一供应链中行事的进口商、出口商和货运代理商，都需要定期进行审计。审计只有在准备得当时才有用。那么将审计什么呢？

第 7 步：执行审计

对大型贸易商（例如跨国公司）的审计应由专业的海关官员进行。这些海关官员通常在总部工作，有时很难在该地区为他们规划审计。但让他们参与审计准备是很重要的。

其他贸易商的审计由该地区的海关官员完成。

第 8 步：分析所有信息并合并到文件中

在进行审计之后，所有关于贸易商的信息都是已知的。在此阶段，检查所有风险并将其纳入为此指定的模型中。这提供了贸易商完整的情况以及他的行为所带来的风险。因此，就能产生关于贸易商的最新情况信息以及基于它的风险分析。

第 9 步：制定控制程序

了解风险很重要，更重要的是知道必须进行哪些方面的控制以应对风险。这些控制、执行它们的频率以及执行它们的人，都规定在控制程序中。换句话说，控制程序指出应该执行哪些方面的控制以解决已经识别的所有风险。

第 10 步：制订的待遇计划

很明显，没有必要完全通过控制覆盖所有风险，因为不是每个风险都那么高。通过风险分析，可以确定风险等级是高、中，还是低。此外，并不总是有足够的人力来检查一切。因此，必须做出这些选择：应该涵盖哪些风险？哪些风险不应该包括在内？控制是否应按指定频率进行？

这些选择必须由团队领导进行。负责该贸易商的海关官员（客户协调员）将在此计划中描述该贸易商的最终待遇。维护此计划至关重要，这就是客户协调员定期评估检查内容、发现的内容及可获得的信息的原因。在这些因素的基础上，他将更新整体情况、风险分析和控制计划。

总　结

要继续尽可能根据最新的信息进行控制。必须不时调整贸易商的最新情况、风险分析、控制计划和治疗计划。贸易商可以开始其他活动，立法可能会改变，从而风险、控制结果可能会导致贸易商决定更仔细地检查某些商品。所有这些因素都会影响已经做出的选择。

因此，定期重复这10个步骤非常重要。

附件4　最佳实践

海关客户协调员

如附件2中所述，海关客户协调员是海关可以向合规贸易商和公司提供的益处之一。

海关会给每个合规、经认可或认证的公司配备海关客户协调员。这些海关客户协调员要具备他们将要涉及的商业模式或商业专业的工作知识。海关客户协调员是与公司的“日常会面点”（相当于前台工作人员），所有海关联系人都是通过该协调员与海关取得联系的。如果海关客户协调员无法直接处理此事，他将负责该问题并联系海关（后台）内的相应部门。问题解决后，海关客户协调员将结果报告公司。海关客户协调员应该在任何时候都可以为公司所用，并且还应该负责进一步改进和简化公司流程。如果有任何应报告的可疑活动，公司应使用海关客户协调员作为信息来源和报告点。因此，即使本文更多地关注海关的责任，公司也必须明白，保持与海关客户协调员的联系将带来更好的服务水平。

海关官员可以作为多个运营商的海关客户协调员，具体取决于所涉公司的规模、数量和复杂程度。由于良好的治理和诚信是海关和贸易的一个重要方面，因此，建议海关客户协调员在一段时间后轮换，或海关客户协调员所负责的公司组合应不时发生变化。应引入新海关客户协调员的指导期制度，以确保服务的一致性。即将离任的海关客户协调员应传授知识和见解，并向客户代表介绍新的海关客户协调员。

海关客户协调员的职责和活动一般如下：

○作为公司的日常联络点；

○作为公司的“单一窗口”（相当于前台工作人员）；

○管理和更新公司的档案；

○管理公司的授权或认证流程；

○负责改进和进一步简化流程；

○深入了解风险控制活动的执行情况；
○准备和更新公司的个体治疗计划；
○根据计划和风险简介启动控制；
○负责公司合规性的日常跟进工作。

关于 MultiCom 公司和 ABC/XYZ 公司的两个真实案例

这两个公司是跨国公司，并在全球范围内与许多海关管理部门交流。

海关客户协调员在电子公司 MultiCom 公司的活动是什么？

——海关客户协调员定期（每月一次）咨询 MultiCom 公司运营和战略事宜，为其发展作出单独安排。这意味着海关客户协调员平均每周有 1 个上午或下午与 MultiCom 公司进行协商。在每月的会议上，他们讨论对于（例如欧洲或亚洲）海关，最广泛意义上的 MultiCom 公司的发展情况、项目进展、月度申报，以及审计中可能存在的问题（由 MultiCom 公司内部和海关的审计初步调查）。

——解决急性、日常的海关问题。

——在 X 国和 Y 国的 MultiCom 公司启动和管理会计控制和实物检查。

——通过审计程序启动和管理月度申报的处理。

——在 MultiCom 公司处理的（风险分析）月度申报中包括会计控制、实物检查和验证结果。

——通过几乎不断的部分审计的方式进行审计。授权发布部门负责初始审计，财务控制由会计师（具有审计员资格）或由其委派的人员进行。海关客户协调员每年都会准备 1 份联合审计计划，其中包括该年度的审计计划，该计划还包括与 Y 国海关的联合审计以及在 Y 国独立进行的审计。

——更新客户的信息系统。

——使授权保持最新。授权由相关的发布部门发布，指派两人处理 MultiCom 公司授权。

——定期访问业务部门，观察实践中的工作方法，并收集有关物流和生产过程的信息。

——与 MultiCom 公司要求国家海关允许其使用跨境授权的其他国家进行磋商。

——确保提供的安全性能是最新的。

——在特殊情况下处理退款请求和付款请求。

——收集和处理两国不同来源的信号（提供信息和查询），特别是海关组织内的信号。

——制订审计计划和风险分析。

海关客户协调员在电子公司 MultiCom 公司不会做什么?

——海关客户协调员不购买 MultiCom 公司股份或联营公司股份（廉洁原则）。

——海关客户协调员不是 MultiCom 公司的有异议和上诉案件的当事方。但是，就异议和上诉而言，海关客户协调员有时会询问有关该文件的实质性问题。

海关客户协调员如何保证廉洁?

——没有可能干预公司的股票。

——由同事进行审核。

——退款和其他税务评估由同事评定。

——在一些情况下采取的行动需询问同事。

——详细记录并需留下审计的线索。

——将重要案件（政治敏感案件）告知团队经理。

——需确保政策和实施的一致性。

有其他客户吗?

MultiCom 公司的海关客户协调员并没有任何其他客户。

所需时间?

可用时间的 50%~80%，此规则仅适用于 MultiCom 公司。

海关客户协调员在化工公司 ABC/XYZ 公司的活动是什么?

——作为 3 个部门和相应业务部门的联络点，ABC/XYZ 公司的每个部门都有自己的海关客户协调员。

——定期（通常每季度一次）进行磋商，讨论大纲。海关客户协调员会在其中描述海关服务中的最新和未来发展。ABC/XYZ 公司还提供有关影响海关工作的 ABC/XYZ 公司发展的信息。

——此外，还讨论最重要的事项，例如授权结构、为整个集团提供安全保障、持续审计，等等；ABC/XYZ 公司也提供来自其所代表的不同机构的反馈。

——解决急性、日常的海关问题。

——在 ABC/XYZ 公司启动和管理会计控制和物理检查。

——海关客户协调员通过海关系统调查货物流动情况。

——使客户信息系统保持最新的状态。

——与不同海关的审计官员就审计管理可能出现的问题进行定期磋商。

——给予海关授权并使其保持最新状态。

——访问业务单位以测试覆盖授权的效果。

海关客户协调员不做什么？

——海关客户协调员不购买ABC/XYZ公司股份或联营公司股份。

海关客户协调员与谁合作？

——外部人员：3个ABC/XYZ公司部门的联系人。

——内部人员：海关内部的审计人员。

如何保证海关客户协调员的廉洁？

——不购买公司的股票。

——根据来自ABC/XYZ公司的每个问题，海关客户协调员评估他的定位。

——退款、额外的税务评估和新的授权都由同事评估。

——详细记录并需留下审计的线索。

——将重要案件（政治敏感案件）告知团队经理。

——需确保政策和实施的一致性。

ABC/XYZ公司的内部（海关）管理有哪些？

——准备风险分析。

——制定会计控制和实物检查的审计预定清单。

——确保海关客户信息系统是最新的。

——测试提供的安全性能。

有其他客户吗？

ABC/XYZ公司的海关客户协调员处理化工分支组中的另外15个客户。

所需时间？

可用时间的50%~80%，此规则仅适用于ABC/XYZ公司。

来自MultiCom公司和ABC/XYZ公司关于海关客户协调员（海关—商业伙伴关系）的观点：

采购、生产和销售日益全球化，意味着我们公司和大多数公司现在正在处理几个市场的海关和贸易要求。我们的问责制已扩展到跨境要求上。我们需要学习并掌握其他国家和地区的规则和做法，这些规则和做法会定期变化，并且因国家和地区而异。此外，全球普遍存在政策收紧、严格执行文件（电子海关）和其他要求（CSI、C-TPAT），以及惩罚违规行为的趋势。在这个不断发展和复杂的领域中未能获得事前通知和计划可能导致在边境上的时间延误、严厉处罚及错过生产和交付期限。由于我们有专门的海关客户协调员和定期的月度会议来讨论实际的运营和战略问题，以及新的国家（地区）和国际发展，我们能够及时了解（外国）海关法律和发展及其对我们全球合规和采购工作的重要意义。我们可以并会积极主动与海关客户协调员一起为海关和我们公司使用最佳的实践方法。

我们受益于给我们量身定制的客户方法。在全球经济中，跨境和进出口货物的速度和确定性对于保持我们业务的竞争力至关重要。我们受益于各种程序的简化，同时我们有强烈的意愿建立和保持良好的业绩记录和与海关的伙伴关系。因此，我们公司有资格参加一些海关现代化计划。我们受益于简化的清关、会计和支付流程，并被允许参加各种许可计划，这将使跨境业务更方便。我想明确指出，这并不意味着我们能被给予较小程度的审计或完全没有审计。我们的经营方式与我们联系的海关组织和海关网络是完全透明的。海关可以并且会每天审核我们。但是，因为我们已经让他们完全自动访问我们的系统，这几乎不会干扰我们的活动。

在像我们这样的大型企业中，使用传统的海关程序或传统的海关方法是不可想象的，因为这会对货物流动造成巨大的问题。可以毫不夸张地说，像我们这样的全球性公司如果没有一位了解我们的业务、我们的流程、我们的顾虑和我们的员工的海关客户协调员，就无法以专业的方式工作。

经认证的经营者项目纲要[①]

1. 简介

经认证的经营者（AEO）方案被广泛认为是建立坚实的海关与企业合作伙伴关系、透明和可预测的贸易环境的关键驱动因素，并在一个更广泛的概念中影响着经济繁荣。

世界海关组织秘书处大力支持 AEO 制度的实施并欢迎更多的国家（地区）实施 AEO 制度，同时鼓励在世界贸易组织的《贸易便利化协定》下，世界各海关实施依法依规的计划和 AEO 制度。

值得注意的是，双边互认协议签署数量较以往大大增加。这些积极的动向说明了所有利益相关者的参与度有所增加，并为实现双边和多边互认协议的协调提供了基础。

除了制定标准、指南和为世界海关组织成员建立 AEO 制度提供能力建设支持外，世界海关组织秘书处还积极促进世界海关组织成员和主要利益相关者之间就 AEO 和 MRA 的实施进行沟通与合作。在此背景下和 AEO 制度在世界海关组织各成员间的动态发展中，世界海关组织秘书处正在每年更新《经认证的经营者项目纲要》（以下简称 AEO 纲要），其主要目的是更好地发展各成员的 AEO 制度，并使之成为制定国家（地区）AEO 制度的信息来源和良好实践的依据。

AEO 纲要于 2010 年出版，这是有史以来第一次全面概述 AEO 制度，其已成为海关和其他主要利益相关者的重要信息来源，如供应商界、学术界和所有有兴趣了解 AEO 制度最新发展情况的专业人士。

AEO 纲要内容包括现行世界海关组织成员应用的有关 AEO 制度和 MRA 制度简明但具体和结构化的概述，以便所有感兴趣的人可以将其用作对国家、区域和全球层面现有做法的参考。除了提供有关 AEO 和海关合规项目的基本信息外，AEO 纲要还简要介绍了相应的 AEO 计划认证程序和福利。其贡献不仅仅限于目前的情况，大多数成员也提供了有关其未来潜在发展的宝贵信息。

AEO 纲要包含在《全球贸易安全与便利标准框架》中，其包含有助于建立和管理 AEO 项目的工具。在该标准框架下，虽然 SAFE AEO 已具有单一定义，但目前还没有海关合规项目的相关定义。这个项目包含了很多国际文书，并正在被海关实行，现如今有许多与该项目相关的值得信赖的贸易商。

AEO 纲要清楚地区分了 SAFE AEO 计划和合规计划（类似于《经修订的京都公约》第 3.32 条标准规范所述的“授权人”概念），包括《贸易便利化协定》中的授权经营者。

《经修订的京都公约》第 3.32 条过渡标准指的是“授权人”的概念，即他们必须具有“符合海关要求的适当记录和管理其商业记录的令人满意的系统”。另外，《贸易便利化协定》第 7.7 条（授权经营者的贸易便利化措施）规定了符合“授权经营者”的一套标准，其中可能包括符合海关和其他相关法规的适当记录，以及必要的内部控制、财务偿付能力和供应链安全管理记录的系统。除了声明程序必须达到一个或多个列出的标准之外，授权运营商的概念不会强制要求将安全注意事项作为其设计的一部分。如果没有安全要求，授权经营者计划也可以被视为另一个海关合规计划。

就 AEO 纲要而言，合规计划已被明确区分，也可以被定义为要求经营者遵守海关要求的适当记录、拥有管理商业记录的令人满意的系统，以及在可能的情况下保持良好的财务偿付能力的海关便利化计划。

SAFE AEO 计划与合规计划之间的主要区别在于安全要求，比如说《全球贸易安全与便利标准框架》2015 版附件Ⅳ中规定的安全要求未明确包含在合规计划中。此外，与 SAFE AEO 计划不同，合规计划可能没有共同的指定标准。因此，获得双边/多边/区域相互承认对这些方案而言可能是一项挑战。

《贸易便利化协定》规定，应鼓励世界贸易组织成员在存在此类标准的国际标准的基础上制订授权经营者计划。《经修订的京都公约》及其指南和《全球贸易安全与便利标准框架》都提供了这样的标准。这些由《全球贸易安全和便利标准框架》支持的世界海关组织标准，即 AEO 实施指南、AEO 纲要、AEO 确认者指南、AEO 模型申诉程序、被授权的经济运营商和中小企业、AEO 模板和相互认可安排或协议指南，都可以有效地支持和协助世界海关组织成员制订和实施《贸易便利化协定》— 授权经营者计划。鉴于《贸易便利化协定》提及授权经营者计划的所有 4 个标准（即使不具有约束力），可能有必要使用《全球贸易安全与便利标准框架》中的 AEO 标准或要求作为制订《贸易便利化协定》下的授权经营者计划的标准。使用 AEO 标准作为实施《贸易便利化协定》第 7.7 条的规定，将有助于确保采用统一的方法，并使那些以此为目的的经营者在双边、次区域、区域和全球层面实现无缝的相互承认。

在《全球贸易安全与便利标准框架》的背景下，合规计划可能是 SAFE AEO 计划的第一步或“踏脚石”。这就是说，除非供应链中的运营商遵守《全球贸易安全与便利标准框架》的所有要求，否则它将不具有 SAFE AEO 状态。

考虑到上述情况，本版 AEO 纲要包括 5 个部分，涉及基于世界海关组织《全球贸易安全与便利标准框架》（第一部分）的 AEO 计划、海关管理部门实施的海关合规计划（第二部分）、海关管理部门与其他机构合作的经验（第三部分）、世界贸易组织《贸易便利化协定》的授权经营者计划（第四部分）和 MRA/AEO 计划的安排（第五部分）。附录包含计划项目列表。

根据成员于 2016 年 3 月提供的信息，本版 AEO 纲要确定：

- 69 个实施中的 AEO 计划和 16 个拟开展的 AEO 计划；
- 39 个已签署的双边互认协议和 31 个正在谈判中的双边互认协议；
- 23 个实施中的海关合规计划和 3 个拟实施的海关合规计划。

世界海关组织秘书处赞赏各成员提供的信息，并鼓励所有成员为更好的实践做出贡献，加强海关与私营行业之间的合作。

缩略语

AEO	经认证的经营者
MOU	谅解备忘录
MRA/MRAs	双边互认协议
RKC	《经修订的京都公约》
TFA	世界贸易组织《贸易便利化协定》
SAFE	世界海关组织《全球贸易安全与便利标准框架》
SME	中小企业
WCO	世界海关组织
WTO	世界贸易组织

2. 实施中的 AEO 项目和拟开展的 AEO 项目

2.1 实施中的 AEO 项目

2.1.1 世界海关组织美洲和加勒比地区

2.1.1.1 阿根廷

项目名称	实施时间	范围	经营者类型	经营者数量	法律依据	进一步计划（截止日期）
可靠经营者的海关制度（SAOC）	2006 年	进口、出口（仅限于 CUSE 制度*）	出口商（自 2006 年）； 可靠的报关行（自 2009 年起）； 邮政服务提供者系统和安全快递公司将被纳入 CUSE 制度（自 2012 年起）	7 家	对外通告第 37/2006 号（出口规定及责任）； 第 50/2006 号外部说明（确定办事处负责接收加入表格）； 联邦公共收入管理局（AFIP）发布的第 2350/2007 号总决议，旨在建立控制可供消费的出口目的地的程序； 对外通告第 48/2008 号（针对中小企业的特别计划）； 对外通告第 3/2009 号［信息须在玛丽亚电脑化系统（SIM）中登记，除法律另有规定外，所列目的地将通过绿色通道］； 对外通告第 37/2009 号（规定及责任）； 一般性决议第 3253/2012 号《海关程序—对外贸易进出口商—海关服务辅助机构》。	• 关于可靠经营者的海关系统的更新——名称和新类型认证的变更； • 签署双边互认协议。

续表

资格认可（要件、过程）	福利
一般要求： ● 遵守规则，并在适当情况下提供担保金； ● 向阿根廷海关管理部门提交申请，以及证明符合要求的附加文件； ● 描述生产过程、运输、安全规则及其他方面（如安全的供应链）； ● 电脑化管理系统的可用性——库存和内控，内控措施是以风险为基础的； ● 提供图像控制系统，从而促进与海关监管区域的流畅和长久的沟通。 中小企业的偿债能力标准较低。 要考虑到税收和海关义务的履行情况。	● 节省成本和时间，降低出口商的运营成本； ● 对运往其他国家（地区）的货物的预期； ● 与其他经营者的竞争差异； ● 采用非侵入式技术控制货物； ● 供应链的国际认证； ● 经其他海关认定为可靠经营者； ● 获得进入目的地国家（地区）入境口岸的主要设施； ● 确保货物运输顺畅； ● 保持货物的完整性。

* CUSE 制度是最近由阿根廷联邦公共税收管理局合并的一个项目。其主要目标是建立一个基于技术创新的流程以及风险分析和评估的程序，以便能给运输服务的提供商进行认证。为了保证使用运输服务进行交付的可追溯性和安全性，颁布了第 3253/2012 号决议，并且正处于实施的第一阶段。

2.1.1.2 玻利维亚

项目名称	实施时间	范围	经营者类型	经营者数量	法律依据	进一步计划（截止日期）
AEO	2015 年 3 月 24 日	出口	出口商，逐渐合并其他经营者；报关行；进口商；承运人（铁路、航空、公路）、快递员	4 家	2013 年第 1443 号最高法令。	• 正式启动玻利维亚 AEO 计划； • 在国家和国际层面上宣传玻利维亚的 AEO 方案； • 增加简化运输货物的过程的福利措施； • 逐步纳入其他政府实体； • 整合供应链的其他运营商； • 继续进行 AEO 员工培训； • 推行双边互认协议。

资格认可（要件、过程）	福利
一般要求： • 遵守税务和海关规定； • 遵守政府及劳工条例； • 遵守法律法规； • 财务上有偿付能力； • 股东、合伙人、公司法定代表人，以及办理税务、海关手续的工作人员，不得有与供应链安全有关的公安犯罪记录； • 具备足够的安全水平，符合供应链安全要求。 **资质认可：** • 向海关递交申请：申请人须填妥申请并连同证明文件一并交回。 • 文件评估：AEO 工作人员将核查申请人提交的所有信息（表格和证明文件）。 • 验证访问，以检查供应链安全要求：AEO 工作人员将去往公司，为了检查申请人遵守的供应链安全程序是否符合要求。	• 降低 AEO 出口商的查验率； • 优先处理清关手续； • 指派特定人员协助公司协调和解决与其认证业务有关的海关问题； • AEO 出口商合作伙伴的风险评估； • 提供有关其出口货物的线上信息； • 简化实物检查和文件； • 公告 AEO 的状态； • 参加海关执法活动的资格。

续表

资格认可（要件、过程）	福利
专业认证： 执行验证后，将授予或拒绝颁发 AEO 认证。 该认证由玻利维亚国家海关颁发，有效期为 3 年。在此期间，将至少进行 2 次验证视察，以核查令人满意的履行义务记录、安全要求的确认和福利的发放。令人满意的履行义务记录包括在该国有合法居住许可，没有在税收、海关、货币、卫生和植物检疫问题上被制裁。在提交申请前的两年内，对申请人及其相关工作人员进行背景调查，确保他们及时履行义务，并具备执行授权活动的专业知识和经验。安全要求需提供文件，落实和核查人员问题，对人员进行选拔，进行安全管理。	

2.1.1.3 巴西

项目名称	实施时间	范围	经营者类型	经营者数量	法律依据	进一步计划（截止日期）
AEO	2014 年 12 月 10 日	进口、出口	进口商、出口商、保税仓库经营者、港口和机场运营商、承运人、报关公司、货运代理	3 家出口商、1 家机场运营商/保税仓库、1 家货运代理	联邦税收规范秘书处：2014 年第 1.521 号文件； 自愿参与。	巴西 AEO 项目分 3 个阶段实施： 从 2015 年开始，经营者只能根据安全标准（AEO-S）进行认证； 从 2016 年起，还将根据海关规则和程序（AEO-C）的实行情况进行认证，AEO-S 和 AEO-C 认证的 AEO 持有者将被视为 AEO Full（AEO-F）； 2017 年，重点是整合其他政府机构，旨在简化监管程序。

2.1.1.4 加拿大

项目名称	实施时间	范围	经营者类型	经营者数量	法律依据	进一步计划（截止日期）
保护合作伙伴计划（PIP）	1995 年、2002 年和 2008 年修订	进口、出口	进出口商、承运商（铁路、海运、航空、公路）、报关行、快递员、仓储经营者、货运代理、船舶代理	1535 家批准成员	没有具体的 AEO 法律依据。	●通过自动化和流程精简，从而简化应用程序流程； ●开发基于 Web 的应用程序处理系统（web portal），以简化应用程序、管理和信息交换。门户网站一期于 2014 年上线，二期定于 2016 年上线。 ●与私营企业协商，进一步提高效益。 ●继续提供 AEO 帮助与合作。 ●使用可兼容的 AEO 计划，规划其他双边互认协议。

资格认可（要件、过程）	福利
计划成员申请程序： ●PIP 计划的申请人填写并提交安全档案（该计划的申请表），其中需提供有关如何满足计划的最低安全标准的详细信息，包括物理安全和访问控制，程序安全，运输工具、货物和设备（集装箱、拖车和火车车厢）的安全，数据和文件安全，人员安全，安全培训和意识，业务合作伙伴安全； ●对安全概况进行审核，确定问题并进行全面的风险评估； ●对公司进行现场验证，以确认满足了项目的需求； ●公司被邀请签署一份知情备忘录，承诺保持执行 PIP 的最低安全标准并进行信息交换。 PIP 成员至少每 4 年重新验证一次以获得法律效力，其中需要执行更新的安全配置文件、风险评估和站点验证。	●较低的查验率； ●获得加拿大边境服务局的专业知识帮助（指派单一联系人处理海关事务）； ●给符合条件的公路运输公司提供在某些入境口岸的专用通道（FAST 车道）； ●项目沟通和利益相关者咨询； ●通过双边认证协定获得国际海关的认可； ●在贸易流中断的情况下，PIP 计划被纳入 CBSA 的业务恢复计划。

2.1.1.5 哥伦比亚

项目名称	实施时间	范围	经营者类型	经营者数量	法律依据	进一步计划（截止日期）
AEO	2011 年 9 月	出口	出口商	13 家	2011 年第 3568 号法令； 2015 年 9 月 22 日第 1894 号法令修订。	允许进口商、港口和海关代理人参与该计划。

资格认可（要件、过程）	福利
分类：安全和简化； 以及安全和卫生简化。	● 被主管部门认可为供应链上安全可靠的经营者； ● 从每个授权机构指派一名业务人员来支持其业务； ● 参加 AEO 大会； ● 通过监管部门参与其职权范围内的事务，参与 AEO 计划的培训活动； ● 税务部门和海关减少了出口、进口和海关过境的额外实物检查和单据业务流程，减少了禁毒处警察对出口业务的实物检查； ● 当监督部门通过风险分析系统确定风险时，根据情况采用特定简化的程序制定识别或检查措施； ● 利用监管机构设置的对外贸易经营渠道和特殊机制； ● 直接行为人出口商和进口商将作为税收和海关制度、进出口和过境的调查对象； ● 根据海关条例的条款认证货物，以便出口商及进口商在做证人时出示； ● 税收优惠。

2.1.1.6 哥斯达黎加

项目名称	实施时间	范围	经营者类型	经营者数量	法律依据	进一步计划（截止日期）
可靠贸易海关便利化计划（PRO-FAC）	2011年3月18日	出口	出口商	8家	第36461-H号行政法令，关于哥斯达黎加可靠贸易海关便利化计划，在2011年3月18日第55号《政府公报》上发布。	批准与墨西哥计划NEC就互认协议进行谈判的行动计划和发展阶段； 将与卫生部门和农业部门的合作纳入PROFAC的谈判进展。

资格认可（要件、过程）	福利
一般要求： • 符合行政、海关、税务和法律要求的良好记录； • 适合的行政、会计和物流管理； • 经证实的财务偿付能力； • 保护和安全措施。 尽管如此，经海关管理部门考虑后，以上4点规定的要求可以通过法律、法令、条例或其他规定予以修订或补充，其发布方式将根据第36461-H号行政法令第6条，通过海关管理部门传达。 **资质认可：** • 要求：提交申请、自我评估问卷和附加文件。 • 资格分析和核查：优先对文件和背景资料研究。 • 评估和生效要求：关于推荐授权或其他有关调查结果的实地研究和最终报告。 • 发行认证。 海关最多可在65个工作日内处理资质认可申请。	• 提供状态可靠且安全地为国家海关提供服务的公司。 • 广告。 • 培训。 • 办公自动化系统执行。 • 减少实物和文件检查。 • 精简海关程序和操作，具体包括以下几个方面： 优先得到海关关注和处理； 海关监管的优先实施； 大型定制时间表； 如果适用于实物查验，可选择查验地址； 优先受到关注和调动货物过境。 • 国际互认的可能。

2.1.1.7 多米尼加共和国

项目名称	实施时间	范围	经营者类型	经营者数量	法律依据	进一步计划（截止日期）
AEO	2012年3月22日	所有国际贸易供应链的进口、出口环节	进出口商报关员、仓库经营者、生产厂家	13家	AEO法令第144-12号文件，2012年3月22日； 机构间协议（2012年2月23日签署）； 每个运营商要求的文件验证指南。	未来两年的目标是： • 对所有参与AEO项目的海关员工进行AEO项目的培训和能力建设； • 增加成员数量（250家公司）； • 与其他海关管理部门签署两个或更多双边互认协议。
资格认可（要件、过程）					福利	
• 自我评估问卷； • 申请表； • 精简和验证先前条件； • 安全配置文件； • 园区验证和结果报告； • 专业认证。					• 适当降低对文件和数据的要求； • 适当降低实物的查验率和检查率； • 适当提高快速放行时间。	

2.1.1.8 厄瓜多尔

项目名称	实施时间	范围	经营者类型	经营者数量	法律依据	进一步计划（截止日期）
AEO-GT	2015年8月18日	参与国际供应链的经营者，不论其业务规模大小	出口商	5家	《生产、贸易和投资有机法典》（CódigoOrgánico de laProducción，Comercio eInversiones）。	厄瓜多尔的AEO计划将在2016年8月之前实施，包括3个不同的经营者，他们是进口商、报关行和航运公司。 其他经营者将以渐进的形式进行。列入考虑范围的经营者有：制造商、承运商（航空公司、航运公司、内陆承运商）、货运代理，以及货物集装箱、国际货运、港口、海关仓库、临时仓储、快递、码头运营商。

资格认可（要件、过程）	福利
首先，申请人应检查“基本条件”和“要求”。当申请人的文件完成后，必须将整份文件提交给厄瓜多尔海关。 其次，AEO的负责部门将检查申请人发送的整个文件是否已根据厄瓜多尔AEO计划要求完成。 最后，当海关官员去评估公司内部的厄瓜多尔AEO计划是否符合要求时，应提供所需文件以及遵守所有必要的提供文件的程序。 申请人文件中提交的厄瓜多尔AEO计划要求的核查时间为6个月，也可根据管理AEO部门的标准进行延长。	• 符合资质的AEO将提高其在世界贸易中的竞争力，还将提高其声望和公司信誉； • 有利于提高供应链的安全管理； • 厄瓜多尔海关将在海关程序中优先关注符合资质的AEO； • 清关速度更快捷； • 更少的放行后的调查； • 符合资质的经营者在风险评估中的风险评分较低，厄瓜多尔海关的实际查验率和文件检查频率将减少。

2.1.1.9 危地马拉

项目名称	实施时间	范围	经营者类型	经营者数量	法律依据	进一步计划（截止日期）
AEO-GT	2011 年 9 月	进口、出口	国际供应链中的所有运营商：进口商、出口商、报关行、物流运营商、仓库、港口、承运商、制造商	总计为 6 家：1 家报关行、1 家物流运营商、1 家海港、1 家出口商、2 家进口商	中美洲统一海关法（CAUCA）及其法规（RE CAUCA）；中美洲海关法协定第 14-2010 号及修订（第 17-2013 号）。	• 促进 AEO 在地区层面的海关立法的加强； • 促进 AEO 在国家层面的立法； • 促进与主要贸易伙伴签署双边互认协议。

资格认可（要件、过程）	福利
主要条件： • 连续 5 年以上从事国际贸易经营活动。 • 展示财务偿付能力，以保证履行义务，在资源利用方面能确保货物供应链安全。 • 5 年内遵守税收和海关法律框架。 • 需要有 CTTV 系统，特别是在被识别为敏感的区域，该系统必须与海关有对接； 公司的详细图纸及更新设备的情况； 行业安全报告； 年度经营计划审核及安全措施维护； 公司组织架构图； 描述参与其业务运作的供应链中的相关参与者。 **一般认证过程：** • 自我评估； • 提交申请； • 内外部信息的验证； • 验证审核（现场视察）； • 中央海关的审批； • 颁发证书； • 定期检查文件，并根据风险评估进行验证审核。	• 减少失误查验； • 让供应链专家提供个性化服务； • 提供技能培训； • 简化海关程序； • 签署互认协议； • 海关监管的优先。

2.1.1.10 牙买加

项目名称	实施时间	范围	经营者类型	经营者数量	法律依据	进一步计划（截止日期）
AEO	2014年7月28日	进口商	同时从事制造和出口的进口商	5家	无具体法律依据。	• 与其他海关签署双边互认协议； • 国际供应链相关各方（出口商、制造商、经纪商和运输承包商）的认证； • 增加入境口岸的福利并加快通关速度。
资格认可（要件、过程）						**福利**
符合资格预审程序要求的申请人必须填写申请表和自我评估问卷； 进行风险评估以确定申请人是否遵守海关法律； 进行详细的验证工作，以确定申请人是否符合计划的最低安全要求，包括实物安全、业务合作伙伴安全、集装箱和运输安全、实物访问权限监管、人员安全和信息技术安全； 需签署一份备忘录，公司需承诺遵守海关和AEO计划的条件和要求； 每3年将进行一次重新认证。						• 加快文件处理； • 在入境口岸加快处理； • 未经查验即可放行货物； • 最少的随机查验； • 可分配到AEO企业的专职人员/客户经理。

2.1.1.11 墨西哥

项目名称	实施时间	范围	经营者类型	经营者数量	法律依据	进一步计划（截止日期）
认证公司新计划（NEEC）	2012 年 1 月 2 日	进口、出口	出口商、进口商、承运商、报关行	421 家进出口商、36 家承运商、9 家报关行申请	《墨西哥对外贸易规则》中海关法规则 3.8.1 ~ 3.8.18 章第 100-A、100-B 和 100-C 条。	• 设计监管框架，以继续对供应链内的其他贸易伙伴进行认证（2015 年通过）； • 为 NEEC 计划设计单一窗口（2015 年）； • 增加 NEEC 计划的企业数量。

资格认可（要件、过程）	福利
批准流程： • 税务及海关业务分析： 公司提交申请，并附上所有需要的文件，包括公司的配置文件； 在海关的内部数据库中对公司在税务和海关方面的事务进行分析。 • 公司简介及认证视察的文件分析： 对公司简介进行文件分析，其中可能需要补充遗漏的信息。 一旦对公司进行了分析，认证考察必须安排在所有已注册的设备中进行，并遵循以下步骤： 划定认证计划的范围； 安排对公司设备的认证访问； 批准检查计划； 在验证前举行初始会议； 制定认证过程（验证是否符合供应链最低安全标准）； 制作认证报告。 • 意见：一旦专家完成认证报告并获得批准，它将被发送到决定的部门，判断批准或拒绝该申请。	NEEC 公司拥有 30 多项物流通关福利，最具代表性的好处是： • 降低与其对外贸易相关的风险等级； • 减少查验，并优先进行实物检查和文件检查，同时加快贸易运作； • 快速通道； • 指派 1 名专家和 1 名 NEEC 顾问。

续表

资格认可（要件、过程）	福利
• 跟踪：公司必须继续完成公司配置文件和财政文书，完成海关要求的指示。NEEC 团队将在认证授权期间跟踪需要认证的公司。 注：最多可于 180 天内回复申请。 **授权：** • 对于符合上述所有要求的公司，将给予意见。在意见中包括考察结果的情况下，这必须在认证后的 6 个月内解决。 • 所有授权的时间为 1 年。 **认证将在以下情况下被拒绝：** • 公司不符合财务和海关要求。 • 公司没有履行公司配置文件中所述的义务。 • 公司没有处理 NEEC 可能提出的额外信息要求。 • 公司不允许认证考察他们的设备。 • 公司可以在以下情况下申请该项目： 该公司正在根据《墨西哥对外贸易规则》附件 28 中列出的关税代码组建临时进口业务，以补充归类在第 64 章和 TIGIE 子目中制鞋业的货物。 • 该公司正在对 IMMEX 法令附件 1 中列出的关税代码的临时进口业务进行整合。 **处罚** 如果得到了消极的反馈，将立即应用以下限制： • 如果公司在设施进行验证考察前得到了消极的反馈，则公司在得到消极反馈后的第 6 个月才能重新申请。 • 如果在验证考察设备后得到了消极的反馈，那么公司在被授予消极反馈后 2 年内不能重新申请。	

2.1.1.12 秘鲁

<table>
<tr><th>项目名称</th><th>实施时间</th><th>范围</th><th>经营者类型</th><th>经营者数量</th><th>法律依据</th><th>进一步计划（截止日期）</th></tr>
<tr><td>AEO</td><td>2013 年 2 月</td><td>进口、出口</td><td>出口商、报关行、仓库，逐步合并的其他经营人</td><td>21 家</td><td>海关总法第 1053 号法令；
AEO 认证规则最高法令第 186-2012-EF 号；
AEO 认证一般程序；
第 0061－2013－SUNAT/300000 号决议。</td><td>进口商的整合。</td></tr>
<tr><th colspan="6">资格认可（要件、过程）</th><th>福利</th></tr>
<tr><td colspan="6">一般要求：
● 遵守税务和海关规定；
● 建立完善的物流和会计记录体系；
● 财务上有偿付能力；
● 具有足够的安全级别。
资格认证：
● 向海关提交申请；
● 文件的评估；
● 实地视察认证；
● 证书。
证书：
● 该认证由海关管理部门颁发，有效期为 3 年；
● 海关管理部门可根据风险评估进行定期检查和认证后的审核。</td><td>● 根据风险降低出口货物的查验率；
● 优先办理通关手续；
● 可直接从经营场所出口；
● 指派特定人员协助公司协调和解决海关问题；
● 优先办理数据修改、更正等贸易手续；
● 将受到非常规监管行为的特别关注；
● 提供退税申请的特殊条款；
● 在突发事件或可能关闭港口或机场期间提供额外服务。</td></tr>
</table>

2.1.1.13 乌拉圭

项目名称	实施时间	范围	经营者类型	经营者数量	法律依据	进一步计划（截止日期）
符合资质的经营者	2014 年 3 月	供应链端的经营者	进口商、出口商、报关行、承运人、免税区用户、仓库管理员	5 家	第 19149 号法律； 预算法第 148 号； AEO 重要法令第 51/2014 号； 海关条例第 31/201 号； 海关条例第 62/2014 号。	• 与其他海关管理部门签订安全供应链试点协议； • 制定备忘录，着手与其他海关管理部门协调 AEO 计划； • 继续在当地市场推广 AEO 计划。
资格认可（要件、过程）						福利
认证过程： • 接受申请成为 AEO 的请求。 • 认证。 • 保持或进行最终的修改。 • 验证是否符合 AEO 计划的要求。 • 审核以验证是否满足要求。AEO 部门出具一份报告，并建议是否批准该公司的认证。 • 该报告将提交给做出决定的总干事。 • 评估该公司是否达到要求并审核是否需要重新修订。						• AEO 官员（指导）； • 优先收到文件和实物监管； • 减少事后清关监控； • 简化程序； • 减少实物和文件的监控； • 定期培训； • AEO 清单。 （http：//www. aduanas. gub. uy/innovaportal/v/11823/9/innova. front/operador_ economico_ calificado. html）

2.1.1.14 美国

项目名称	实施时间	范围	经营者类型	经营者数量	法律依据	进一步计划（截止日期）
海关—商贸反恐怖联盟（C-TPAT）	2001年11月	进口、出口	整个供应链，不包括仓库运营商，但包括加拿大和墨西哥的海港和外国制造商	截至2016年有11000家	2006年《港口法》的安全性和问责制； 自愿计划。	
资格认可（要件、过程）					福利	
资格认证： • 所有信息都提供给美国海关和边境保护局后，将在90天内验证安全档案； • 在认证1年内进行现场视察； • 要求合作伙伴每年更新其安全概况和风险评估； • 在最先认证后的4年内进行重新验证，或者根据美国海关和边境保护局评估的风险更快地进行重新验证。					• 减少查验率； • 参加其他美国政府项目的资格，如自由安全贸易（FAST）和进口商自我评估（ISA）； • 进口商合作伙伴的分层查验优惠； • 线前处理； • 业务恢复； • 加急贸易处理； • 访问供应链安全专家（SCSS）； • 减刑； • 双边认证的福利。	

2.1.2 世界海关组织中东和北非地区

2.1.2.1 埃及

项目名称	实施时间	范围	经营者类型	经营者数量	法律依据	进一步计划（截止日期）
AEO—埃及	2014 年 6 月 25 日	进口、出口	进出口商	83 家进出口商（更多的准备加入），在即将到来的第二阶段将有 12 家经营者	●第 204/2013 号部长令，关于修订第 66/1963 号海关法执行条例的部分规则，以及财政部长第 10/2006 号法令发布的修正案； ●第 2014/2013 号部长法令规定更换条例第 86 条的规定； ●埃及海关总署令 2013 年 5 月 13 日第 36 条规定，进出口商应根据指定型号所载的条件和标准，获得 AEO 项目的授权； ●海关监管和制度部门的第 51/2013 号通告确定了 AEO 计划的优势和规范了 AEO 货物处理的程序； ●针对双方在通过海关控制货物运输方面发挥着至关重要的作用，2013 年 7 月 7 日埃及海关总署与埃及进出口管制总局签署了关于启动埃及 AEO 计划的合作议定书，旨在克服阻碍国际贸易的所有障碍，以增加通过国际供应链的贸易流量。	●包括供应链中的其余参与者，例如，报关行、承运人、港口等； ●评估与中东和北非地区其他国家可能的相互认可。

续表

资格认可（要件、过程）	福利
这一过程包括以下几个阶段： • 第一步：监管和评估部门向海关部门提交一份以遵守海关法律著称的公司名单，这些公司每年的进口额超过 500 万美元。 • 第二步：海关部门负责对这些公司进行该项目的市场调查，并进行检查，以确定这些公司是否达到海关规定的进出口标准。如果发现符合标准，这些公司的名称将被送往法律事务部门、国家和政治安全部门进行核实。 • 第三步：在获得主管部门的批准后，为新加入埃及 AEO 计划的公司举办研讨会，让他们了解项目的优势，并通过分发调查问卷来衡量实际的绩效水平。为在海关研究所工作的公司代表举办特别课程，以便取得清关许可证，并在海关官员的协助下，随时监督问题的解决情况，以便在尽可能短的时间内完成放行程序。 • 第四步：执行部门提供所有海关程序服务，以解决在放行过程中遇到的所有障碍和问题。 • 第五步：合规部门负责管理这一套体系，以监管公司是否遵守由 AEO 中央管理局规定的工作流程，包括海关规范、规例、限制及程序。旨在为风险管理、合规和审批后的审计提供反馈信息，以加速这些公司货物的放行过程。 • 第六步：监督与评估总局负责评估在关区为公司提供的服务等级，以及中央统筹 AEO 事务的部门提供服务的表现等级。	经认证的经营者计划的优势： • 指定海关委员会，负责办理 AEO 货物的所有海关手续； • 采用非侵入式扫描和电子随机选择的方法，使所有的 AEO 货物通过绿色通道； • 最大限度地加快海关放行过程； • 增强库存管理，降低进口商和其他方的成本； • 尽量减少征收进口关税罚款的机会； • 指派专业的会计经理来推进 AEO 货物的放行过程； • 为 AEO 企业提供一个简单、统一、综合和自发的港口服务； • 监控所有在海关监管区域内 AEO 货物的放行过程； • 主管部门的代表与海关委员会共同办理海关放行手续； • 提供支持合规性和完整性的数据收集系统； • 除了前面提到的优点外，海关也从该计划中受益； • 根据国际标准和惯例，保持海关管理、贸易界和国际组织的信誉和透明度。

2.1.2.2 约旦

<table>
<tr><th>项目名称</th><th>实施时间</th><th>范围</th><th>经营者类型</th><th>经营者数量</th><th>法律依据</th><th>进一步计划（截止日期）</th></tr>
<tr><td>黄金名单</td><td>2005年8月</td><td>进口、出口</td><td>进出口商、承运商、报关行、仓储经营者，以及在合格工业区经营的公司</td><td>54家成员（2015年12月31日）</td><td>暂无。</td><td></td></tr>
<tr><th colspan="4">资格认可（要件、过程）</th><th colspan="3">福利</th></tr>
<tr><td colspan="4">合规类别：A（基本的）、B（重要的）和C（可选择的）。
要获得AEO的资格，公司必须满足海关要求和安全要求，具体如下：遵守A、B，可以制订计划，以改进必要的合规情况，并在规定的时间限制内执行这些计划，并且尽可能遵守C。
在所有阶段，公司还必须通过检查样品，来达到所需的合规标准。</td><td colspan="3">● 自检自强；
● 减少查验次数（通过增加绿色通道的分配）；
● 减少产品放行后遵循的法规审核；
● 货物到达前清关；
● 货物在办理海关手续前放行；
● 优先给进出口公司和在合格工业区经营的公司办理通关手续；
● 根据清关公司在清关中心提出的担保，允许在工作时间内移除货物；
● 除了装满香烟和酒精饮料的卡车外，他们的货物不受海关押运；
● 商业公司可具有双重公共担保；
● 清关公司可具有双重简要的担保；
● 提供咨询和协助以及所有可能的便利；
● 道德特权，比如给公司的感谢函；
● 在海关网站上公布成员名单。</td></tr>
</table>

2.1.2.3 摩洛哥

项目名称	实施时间	范围	经营者类型	经营者数量	法律依据	进一步计划（截止日期）
AEO，包括两个子类别A和B； AEO安保及安全状况，AEO海关简化程序认可的公司有资格申请	自2006年开始运作。 阶段1：2006年2月16日推出“分类企业”计划，向经济海关制度（RED）所涵盖的公司开放。 阶段2：2008年2月1日根据一般立法扩展运营者。 阶段3：2009年2月23日扩展到物流部门。 自2012年11月12日起，授权每3年更新一次。	进口、出口、对外贸易活动。 AEO海关简化程序开放给参与国际供应链并在国内定居的经营者。 这种状态可以是A类或B类，取决于经营者是否完全满足海关的合规标准，以及是否符合记录管理和财务偿付能力的标准。	进口商、出口商、物流经营者（报关行、承运商、快递承运商、仓库经营者）	342家，其中180家为A类	关于AEO状态的海关和间接税法（第73条）； 2010年7月6日第2-10-121号法令，补充1977年10月9日第2-77-862号法令，关于实施经济和财政部的海关和间接税法，详细列明了AEO状态类别和授权过程； 经济和财政部长令2011年7月22日第690.11号（2011年10月10日第5985号），关于授予AEO身份的程序以及认可委员会的组织和运作实施条款； 关于AEO海关简化程序状态的第5087/313号通知、关于AEO海关简化程序状态的第525/313号通告，列明了报关行、承运人和快递承运商授予AEO海关简化程序状态的条件； 关于延期AEO海关简化程序状态的第1233/2012号通告第5336号通知； 关于AEO名称的2015年2月17日第5516/133号通告； 关于AEO安全和安全状态的2015年7月17日第5517/313号通告。	公共伙伴关系：协调申请程序以促进海关合作伙伴之间的相互认证（税务管理、社会福利机构、国家外汇管理机构、监管机构）； 2015年1月，启动了一项针对飞行器行业的试点行动，并与私营部门建立伙伴关系：已与行业协会签署了8项协议。

续表

资格认可（要件、过程）	福利
一般要求： 行政部门为在国家领土上成立的从事涉及国际进出口贸易的工业、商业或服务相关活动的公司，授予经认证的经营者（AEO）地位，授予条件包括： ● 无重大海关违法犯罪记录； ● 有一个公开透明的系统来管理商业文件和仓库； ● 在经济上有偿付能力； ● 遵守政府制定的参考文件中的安保标准。 **授权：** 授权计划与便利化和安全事项有关，并结合了海关便利和安全要求。 授权有两种类型： ● AEO 海关简化程序状态，A 类或 B 类，（国家方案）可授予符合海关规定标准和符合记录管理和财务偿付能力标准的经营者； ● AEO 安保及安全状态，可授予符合 AEO 海关简化程序（A 类）状态要求并适用安保标准的经营者。 ● 评估： AEO 海关简化状态：根据企业选择的独立外部审计团队进行的审计视察，授予初始授权。审计架构由政府预先拟备。它是根据 9 项准则拟订的，旨在审查企业的整体运作（确定正在评估的企业的一般信息）。 企业经营的环境；组织架构和基础设施；商业部门及技术使用、制造过程；会计和财务状况；商业事务；供应链的安全性；社会和环境情况；企业透明度和基准经济指标。 申请和审计报告将提交给设立中心商标的特设委员会。授权是永久授予的。 **授予的状态：** 特设委员会已集中设立，对提交 AEO 身份的文件，确定是授予还是驳回。授权采取以下形式： ● 主管部门与有关经营者之间达成协议，规定所授予的 AEO 类别的性质、授予后可享受的福利和义务、AEO 证书的格式以及对陈述的登记。 ● 撤回或暂停：在咨询特设委员会后，主管部门主管决定可暂时或永久撤销 AEO 状态，如果该申请者： 犯下了可以受到刑事处罚的海关罪行； 已放弃 AEO 状态。 **监控的授权：** 授权是永久性的。但是，管理局将通过定期审查，定期监测验核公司遵守情况，包括是否遵守授权后的标准和规定。 这种审查每 3 年进行一次。它是在经营者事先提交自我评估问卷的基础上，由海关以审计、视察的形式进行稽核。	**直接福利：** 加快海关的通关便利化和程序简化，比如： ● 绿色通道； ● 海关简化程序，减少实物查验； ● 获得授权出口商地位； ● 实行当地清关程序（在经营场所清关）； ● 豁免关于海关程序的财务保障； ● 优先处理。 **间接福利：** ● 提高经营者对安保问题的认知以及对改进的必要性的认识； ● 优化成本和供应链时间； ● 在内部发展审计文化，并致力于对任何事项进行升级； ● 提高国内和国际的声誉和信誉（作为安全、可靠的经营者地位）。

2.1.3 世界海关组织东部和南部非洲地区

2.1.3.1 肯尼亚

项目名称	实施时间	范围	经营者类型	经营者数量	法律依据	进一步计划（截止日期）
AEO	2010年11月	进口、出口	进口商、出口商、货运商、报关机构	38家进出口商、24家报关行、2家货运商	于2004年实施的《东非共同体海关管理法》	• 每年增加40%的AEO成员数量； • 继续宣传及吸引主要利益相关者，包括进口商、报关机构、港务局等； • 扩大该计划，使其包括主要进口商、制造商、集装箱货运商、托运人、石油进口商、运输商和仓库经营者； • 任命更多联络官，为现有的AEO提供服务； • 制定风险分析机制，进行年度审计，确保不合规公司被暂停营业； • 确保信息共享系统与其他税务机关、部门和政府机构信息共享。

续表

资格认可（要件、过程）	福利
AEO 经营者的义务： • 符合《全球贸易安全与便利标准框架》《东非共同体海关管理法》和其他法律法规中的所有法定要求和规定； • 遵守所有 KRA 和海关要求及法律； • 自我监管和评估； • 向海关提交关于申报的月度报告； • 符合要求的会计、物流和文件管理系统； • 符合要求的安全标准（建筑物、运输工具和人员）； • 持续参与海关组织的活动和计划。 **资格认证：** • 所有海关利益相关者和工作人员的敏感性； • 申请提交； • 公司文件； • 公司的会计和物流系统； • 财务的可行性； • 安保要求； • 教育、培训员工的意识； • 信息交换、访问和保密； • 申请表格是否填妥及备有所需的文件； • 实地视察及核实申请表内的资料； • 获得海关部门和其他肯尼亚税务部门无异议的意见； • 向其他政府机构（警务部门、标准部门、市场监管部门）寻求无异议意见； • 接受审核委员会的实地视察报告及建议； • 海关关长对该计划进行批准和接纳并签发证书。	• 加快文档处理； • 在控制和放行点进行最少的检查，以加快货物放行； • 货物的快速放行，降低存储成本； • 减少运输时间，减少过境点的清关时间，减少路障检查； • 方便获取海关管理部门的信息； • 使用表示海关申报系统中的直接放行的蓝色通道； • 改善贸易与政府之间的伙伴关系模式； • 在改进海关部门的工作期间首先考虑其参与任何强化货物处理的计划； • 有 1 名专门负责部门联系的官员。

2.1.3.2 乌干达

<table>
<tr><th>项目名称</th><th>实施时间</th><th>范围</th><th>经营者类型</th><th>经营者数量</th><th>法律依据</th><th>进一步计划（截止日期）</th></tr>
<tr><td>AEO</td><td>2012 年 3 月（从第 1 阶段开始，最先的 10 家公司于 2013 年 9 月 5 日被授予证书）</td><td>进口、出口</td><td>第 1 阶段——进口商、报关行；第 2 阶段——出口商和仓库经营者；第 3 阶段——运输商和货运代理商</td><td>22 家</td><td>无具体法律规定，根据《东非共同体海关管理法》和东非共同体区域 AEO 政策的一般规定进行管理。</td><td>● 在 2016 年 6 月前推出第 3 阶段；
● 与东非合作；
● 共同体区域内实施 AEO 计划。</td></tr>
<tr><th colspan="6">资格认可（要件、过程）</th><th>福利</th></tr>
<tr><td colspan="6">一般要求：
● 参与国际货物运输的各方（如进口商、出口商、保管代理人、运输商、货运代理人、保税仓库经营者）；
● 具有 3 年以上的海关法律法规和其他法律方面的工作经历；
● 具备必要的基础设施和实施海关相关业务的知识；
● 有足够的财政资源履行其法律义务；
● 实施乌干达海关 AEO 合规计划，其中包含主要要素（即内部组织要求，合约方要求，安全要求，适当的海关程序要求，会计、物流和内部控制要求，咨询、合作和沟通要求，危机管理要求，教育、培训和意识要求，内部审计要求）。
授权：
● 项目意向书；
● 基本资料咨询；
● 申请；
● 审查；
● 现场视察；
● 备忘录；
● 证书。</td><td>● 如果选择控制，则可优先对货物进行处理；
● 保税仓库的自主管理权；
● 货物检验场所的选择；
● 支付必要的费用后，可自动续签许可证；
● 自动扣缴、免税；
● 放弃担保：允许经营者承担部分担保；
● 当地清关：在海关选定货物进行清关的过程之前即可放行货物。</td></tr>
</table>

2.1.3.3 布隆迪

<table>
<tr><th>项目名称</th><th>实施时间</th><th>范围</th><th>经营者类型</th><th>经营者数量</th><th>法律依据</th><th>进一步计划（截止日期）</th></tr>
<tr><td>AEO</td><td>2013 年 4 月 17 日在区域层面；
2014 年 5 月 16 日在国家层面</td><td>试点阶段</td><td>进出口商、运输商、货运代理、报关行、生产制造商、仓库</td><td>3 家在区域层面；
7 家在国家层面</td><td>经认证的经营者程序手册。</td><td>● 在 2016 年 6 月前推出第 3 阶段；
● 与东非合作；
● 共同体区域内的 AEO 计划。</td></tr>
<tr><th colspan="4">资格认可（要件、过程）</th><th colspan="3">福利</th></tr>
<tr><td colspan="4">● 自我评估。
● 申请 AEO 身份。
● 海关管理机构收到的申请书。
● 根据下列准则核验申请：
提供足够的公司信息；
令人满意的合规水平。</td><td colspan="3">● 对于进口商/出口商/生产制造商：
更快的申报流程；
如果有必要，将加快处理退款要求；
减少海关的监管。
● 对于报关代理商：
保证批准的延期；
优先参与海关举措；
加快货物的清关处理；
AEO 过境担保的豁免。
● 对于运输商：
保证续签运输许可证；
免除电子过境监测的要求；
边境优先待遇。
● 对于仓库的经营者：
仓库的自主管理权；
保证续签的许可证；
减少海关的监管。</td></tr>
</table>

2.1.4 世界海关组织亚太地区

2.1.4.1 澳大利亚

<table>
<tr><th>项目名称</th><th>实施时间</th><th>范围</th><th>经营者类型</th><th>经营者数量</th><th>法律依据</th><th>进一步计划（截止日期）</th></tr>
<tr><td>澳大利亚诚信贸易商计划（ATT）</td><td>试点项目于2015年7月1日推出</td><td>进口、出口</td><td>整个供应链</td><td>截至2016年2月22日有22家试点参与者，目标是在2016年6月1日之前增加40家</td><td>1901年《海关法》允许认证为诚信贸易商并提供相关的福利。</td><td>于2016年7月1日开始全面实施计划。</td></tr>
<tr><th colspan="5">资格认可（要件、过程）</th><th colspan="2">福利</th></tr>
<tr><td colspan="5">建议的评审程序：
● 完成申请/可信流程，以确定该实体是否有资格加入澳大利亚诚信贸易商计划；
● 根据澳大利亚诚信贸易商的标准完成自我评估；
● 对实体的供应链安全和贸易实践是否合规进行实物验证；
● 诚信贸易商、澳大利亚海关和边境保护局进行持续监控和管理，包括定期重新核验。</td><td colspan="2">澳大利亚政府正在考虑可为澳大利亚诚信贸易商提供的好处，拟议的好处包括：
● 会计（客户服务）经理；
● 更少的货物查验；
● 优先级贸易服务；
● 精简地汇报工作；
● 自由贸易协定的认证；
● 与多个主要贸易伙伴签订双边互认协议；
● 延期缴纳或降低税费。</td></tr>
</table>

2.1.4.2 中国

项目名称	实施时间	范围	经营者类型	经营者数量	法律依据	进一步计划（截止日期）
企业分类管理	2008 年 4 月 1 日	进口、出口	进出口商、生产制造商、报关行、仓库及其他	高级认证企业：3540 家； 一般认证企业：36551 家（截至 2015 年 12 月 31 日）	《中华人民共和国海关企业信用管理暂行办法》①	
资格认可（要件、过程）					福利	
• 有企业提交 AEO 认证的申请； • 对 AEO 申请和其他文件进行初步审核； • 再次对 AEO 申请及其他文件进行审核； • 现场认证或授权； • 最后进行决定； • AEO 证书发放； • 后续监测和重新授权。					• 降低实物的查验率； • 简化文件核查； • 优先办理清关手续； • 协调服务； • 保证通关； • 在 AEO 双边互认协议下的福利； • 其他 AEO 双边互认的国家或地区海关提供的通关便利化措施。	

① 此法规已作废，现行有效的为《中华人民共和国海关注册登记和备案企业信用管理办法》。

2.1.4.3 中国香港

<table>
<tr><th>项目名称</th><th>实施时间</th><th>范围</th><th>经营者类型</th><th>经营者数量</th><th>法律依据</th><th>进一步计划（截止日期）</th></tr>
<tr><td>香港 AEO 计划</td><td>2012 年 4 月 2 日</td><td>进口、出口</td><td>所有参与到国际供应链活动的本地运营商</td><td>截至 2016 年 1 月共有 29 家 AEO 认证企业（其中包括 2 家中小企业）</td><td>暂无，自愿参与。</td><td>与其他海关合作推动双边互认协议。</td></tr>
<tr><th colspan="6">资格认可（要件、过程）</th><th>福利</th></tr>
<tr><td colspan="6">要求：
• 良好遵守海关规定的历史；
• 可验证的商业记录的良好维护；
• 经证实的财务偿付能力；
• 适当的安全措施。
AEO 状态：第 1 层和第 2 层。
过程：
• 公司根据香港 AEO 计划预先设定的标准，对其内部政策和运作程序进行自我评估；
• 公司向海关提交申请；
• 海关进行文件核对和现场视察验证；
• 海关授予符合香港 AEO 计划中预先设定标准的公司以 AEO 认证企业的地位，并向其颁发证书。</td><td>• 更少的海关检查；
• 优先通关；
• 作为行业“风筝标识”的安全贸易商，提升商誉，提升客户信心；
• 增强竞争力和市场性；
• 减少存货损失、盗窃；
• 其他经济体系在双边互认协议下给予的特权。</td></tr>
</table>

2.1.4.4 印度

<table>
<tr><th>项目名称</th><th>实施时间</th><th>范围</th><th>经营者类型</th><th>经营者数量</th><th>法律依据</th><th>进一步计划（截止日期）</th></tr>
<tr><td>AEO</td><td>2012 年 11 月 16 日</td><td>进口、出口</td><td>进口商、出口商、报关行、仓库经营人、制造商、物流服务提供商、托管人、终端运营商</td><td>32 家</td><td>2012 年 11 月 16 日海关发布的 2012 年第 28 号海关通告。</td><td>通过在印度各地不同城市举办讲习班和研讨会的方式对贸易实体和官员进行广泛宣传，以增进贸易与机构之间的了解，确保各利益相关者更多地参与到国际供应链中；促进相互信任和透明度的联合认证方案，作为双边认证的前奏，以确保互惠互利。</td></tr>
<tr><th colspan="5">资格认可（要件、过程）</th><th colspan="2">福利</th></tr>
<tr><td colspan="5">申请 AEO 计划的资格准则：
申请实体必须：
● 在印度建立并参与进出口方面的国际供应链；
● 成为涵盖所有业务活动和地点的法人实体；
● 有遵守海关及其他相关法律的适当记录；
● 有符合规定的商业和运输记录管理系统；
● 具备已经证明的财务偿付能力；
● 维持经批准的安全标准。
认证的过程：
● 申请提交给 AEO 计划的负责人；
● 如果申请不完整或有缺陷，应在 30 天内通知申请人。</td><td colspan="2">对进口商而言：
● 简化海关手续及报关手续；
● 对于 AEO 进口商而言，其享受的便利应多于 ACP 进口商；
● AEO 进口商将获得减少银行担保的好处；
● 银行保函金额可不用超过债券金额的 5%。
对出口商而言：
● 简化海关手续及报关手续；
● 在退税/预授权/ EPCG/奖励计划的方案下出口货物检验减少 50%以上；
● 上述措施适用于出口到所有的目的地，包括迪拜、沙迦、新加坡、科伦坡等。</td></tr>
</table>

2.1.4.5 印度尼西亚

<table>
<tr><th>项目名称</th><th>实施时间</th><th>范围</th><th>经营者类型</th><th>经营者数量</th><th>法律依据</th><th>进一步计划（截止日期）</th></tr>
<tr><td>AEO</td><td>2015 年 3 月 17 日</td><td>出口</td><td>出口商</td><td>9 家</td><td>编号为 219/PMK. 04/2010 的财务部法规，发布日期为 2010 年 12 月 9 日。</td><td>未来将会有公司得到认证。</td></tr>
<tr><th colspan="5">资格认可（要件、过程）</th><th colspan="2">福利</th></tr>
<tr><td colspan="5">• 申请；
• 问卷（自我评估）；
• 文件检查（如自我评估问卷、内部控制组织、成熟的模型）；
• 实地走访；
• 推荐制；
• 结论（认证）。</td><td colspan="2">• 最小百分比的文件或查验；
• 海关手续简化的优先权；
• 紧急情况和威胁级别升高时的特殊服务；
• 为新海关项目的参与者提供优先权；
• 合作保障；
• 卡车运输设备；
• 提前通知；
• 延期付款；
• 专门的 AEO 客户经理；
• 特定情况下工作时间外的服务。</td></tr>
</table>

2.1.4.6 日本

项目名称	实施时间	范围	经营者类型	经营者数量	法律依据	进一步计划（截止日期）
AEO	2006年开始实施对象为出口商，2007年开始实施对象为进口商，随后扩展了AEO项目的范围	进口、出口	进口商、出口商、仓库管理人、报关行、物流管理人（承运人、货代、船公司、航空公司）、制造商	进口商：89家； 出口商：238家； 报关行：90家； 仓库管理人：117家； 物流管理人：8家； 总计：542家（截止到2015年2月9日）	海关法、内阁政令、海关及关税局的部门条例和政令。	
资格认可（要件、过程）					**福利**	
一般要求： ● 合规记录； ● 具备良好的操作能力； ● 合规计划。 **资格认可：** ● 事先协商（自愿）； ● 自我评估； ● 文件检查，实地审核≥AEO状况； ● 授权后审计，如存在问题，用行政命令改进，如未整改则取消资格。					● 合规反映检查和巡查； ● 进口申报和准许入境前报关； ● 纳税申报和缴税前货物放行； ● 定期递交税务申报书； ● 免除出口货物存放在海关监管区的要求； ● 只通知海关即可建立新的海关仓库； ● 对仓库管理人的合规反映减少审查； ● 免除海关仓库月费； ● 海关转运手续简化； ● 可对海关申报的办公室进行选择。	

2.1.4.7　韩国

项目名称	实施时间	范围	经营者类型	经营者数量	法律依据	进一步计划（截止日期）
AEO	2009年4月15日	进口、出口	9个参与方：出口商、进口商、报关行、货代、运输商（保税运输商）、海运和空运承运人、地勤人员、仓库管理人（保税区域、港口码头）	292个授权公司：78个出口商、80个进口商、60个货代、11个仓库管理人、9个运输人、5个海运承运人、49个报关行；139个中小企业（截止到2012年4月1日）	第259号海关法案（2008年1月）；海关法案执行法令55－2255号（2009年2月4日）；AEO执行规定（2009年4月15日）	• 持续推行AEO； • 支持中小企业保持AEO状态； • 发展更多AEO福利，并衡量AEO项目和MRAs的效果； • 加强AEO的事后监管和管理； • 推行双边互认协议。
资格认可（要件、过程）				**福利**		
一般要求： • 合法； • 内部控制； • 财务偿付能力； • 安全管理。 **资格认证过程：** • 提交申请（自我评估、风险评估、AEO管理声明、内部AEO经理）。 • 审计（文件和实地认证）。 • 根据合法程度赋予AEO级别： AA级（90%或更高）；A级（80%或更高），或要求采取改进措施。 • 获批AEO认证（3年内有效，过期前6个月内延期）并指派海关客户协调员。 • 自我管理/事后监管。 • 合法评估（依申请或选择）：级别调整（特别是AAA级需要95%以上合规性和适当的最佳实践与其他公司分享），或者要求采取改进措施。				**一般福利：** 简化的和更少的查验，简化程序，更少的金融压力等。不同AEO种类和级别的福利不同。 • 简化的和更少的查验： 进口和进口前过程中更少的海关查验； 在进口商所希望的地点进行检查。 • 简化程序： 无须提供贸易文件即可清关； 清关前后审计的豁免； 在国际（机场）港口等为AEO代表提供清关便利； 关税税率的适用自决，海关税收的减免，海关税收分期付款。 • 更少的金融压力： 进口清关的存款抵押的免除； 海关税收每月分期付款。 • 其他：违反海关法的处罚减轻。		

2.1.4.8 马来西亚

项目名称	实施时间	范围	经营者类型	经营者数量	法律依据	进一步计划（截止日期）
AEO	2010年1月1日	进口、出口	进口商、出口商、制造商	52家	行政指示和指导（与AEO相关的常设指令75号）。	计划将有资格的经营者范围扩大至仓库管理人和物流管理人； 和中国香港海关的双边互认协议磋商正在进行中。
资格认可（要件、过程）						福利
一般要求： • 在国内运营3年以上； • 高度遵守马来西亚海关的法律法规要求； • 没有拖欠马来西亚海关税款。 • 事先获得海关部门和其他相关政府机构如警察局，以及公司负责处理清关程序的主管和人员的安全清关许可； • 对所有进出口和转移的货物有恰当的内部管控（审计流程）； • 根据AEO要求设有高度安全特征，并最好有内部遵从控制项目； • 拥有可以通过电子资金转移（EFT）缴税的设备； • 参与海关事务的人员及货代、报关行必须接受马来西亚海关核准的海关程序强制培训。 **认证：** • 与必要的证明文件一并提交申请； • 对申请和公司、董事、员工的背景的核实； • 验证审核（实地审核）； • AEO专门小组给予AEO地位认可； • 后续批准审核（合规审核和安保合规审核）——如有问题，AEO认证将被暂停或撤销。						• 对于进出口和流动的货物，海关监管中直接放行（快速清关）； • 以最少的资料和简化程序清关； • 根据具体时间表，定期对货物的进出口和流动进行自我评估报关； • 延期缴付税款； • 电子资金转移（EFT）； • 基于内部会计原则的简化退税申请。

2.1.4.9 新西兰

项目名称	实施时间	范围	经营者类型	经营者数量	法律依据	进一步计划（截止日期）
安全出口计划（SES）	2004年	出口	出口商 注意：从包装点到装货处操作作为计划的一部分，出口商还要对他们的第三方经营者和物流（包括运输人和报关行）负责	122个成员（2015年1月）	1996年《海关和货物税法》53C部分。	

资格认可（要件、过程）	福利
• 出口商递交申请加入SES。申请必须由安全计划、流程图、现场计划以及其运输经营者的安全计划支持。安全计划记录了出口商的政策、过程和程序，表明他们的出口产品包装安全、准确入账、用新西兰海关批准的封条密封，并安全地从新西兰运往出口地点。如果他们使用第三方地点将出口产品包装到集装箱，则将需要进一步制订安全计划和现场计划。 • 验证程序由新西兰海关进行。这一过程包括对出口文件进行数据完整性检查、海关数据库检查、要求新西兰海关情报部门提供情况报告以及进行现场验证访问。 • 在完成审定程序后，对申请文件进行质量保证检查，以确保上述程序已经完成，并编写一份管理报告，建议批准或拒绝申请。 • 服务交付经理签署管理报告内的建议。 • 如果申请被拒绝，出口商将收到说明理由的书面通知。 • 如果申请被批准，新西兰海关将和出口商签署准许文件。这份编号的准许文件涵盖了出口商要遵守的所有条件，并包括1个海关批准的、必须用于SES出口货物的关封。	• 减少所有出口项目的出口交易费用； • 降低新西兰海关干预的可能性，从而有更多的时间装运货物并完成出口文件，降低合规成本； • 提供与新西兰海关有互认协议的国家的边境清关服务； • 新西兰海关可以向与新西兰海关有互认协议的海外边境机构就出口货物方面的意外问题提供咨询与协助。

2.1.4.10 新加坡

项目名称	实施时间	范围	经营者类型	经营者数量	法律依据	进一步计划（截止日期）
安全贸易伙伴关系（STP）	2007 年 5 月 25 日	进口、出口	新加坡的 STP 面向供应链中的所有实体，这包括了进口商、出口商、制造商、仓库、报关行、货代和承运人。	121 家（截止到 2015 年 1 月）		

资格认可（要件、过程）	福利
一般要求 根据 STP 指引和准则，公司需满足以下条件： • 拥有安全管理系统； • 对其商业操作进行风险评估； • 执行 STP 指引和准则规定的安全措施以保障其供应链安全（符合世界海关组织《全球贸易安全与便利标准框架》）。 **资格认定** 申请 STP 项目认证的公司需要提交申请表，完成 TradeFIRST 自我评估清单和支持文件。由新加坡海关对公司所有地点进行实地考察。新加坡海关将认证该公司为： • STP 地位——如果公司至少达到了 TradeFIRST 所规定的"中级"级别； • STP-Plus 地位——如果公司达到了 TradeFIRST 所规定的"优秀"级别，并执行了所有至少满足 STP 指引和准则中规定的最低标准的有效安全措施。	• 货物被检查的可能性较小； • STP 作为"质量标志"，有利于品牌建设（被认为是一个低风险的公司）； • 如果海外国家（地区）也认同其身份，则可以减少检查、加快通关； • 根据货物安保控管人员制度（RCAR），自动识别为已知发货人（KC）； • 指定的客户经理； • 依据 TradeFIRST 级别的贸易便利福利； • 希望提高供应链安全能力的公司可能通过其他政府机构提供的培训援助计划和发展方案获得资金或协助。

2.1.4.11 泰国

项目名称	实施时间	范围	经营者类型	经营者数量	法律依据	进一步计划（截止日期）
AEO	2011年针对进口商和出口商，2013年扩展到报关行	进口、出口	进口商、出口商、报关行	146家进口商/出口商，145家报关行（2016年4月）	12/2013号海关通知（对于进口商/出口商）；13/2013号海关通知（对于报关行）。	• 扩大AEO企业的范围和数量； • 增加双边互认协议的数量。

资格认可（要件、过程）	福利
一般要求： • 是在泰国注册的，实收资本为500万泰铢的进出口商或实收资本为100万泰铢的报关行； • 是有2年以上稳定经济状况的进出口商或3年以上稳定经济状况的报关行； • 从事进出口或报关行业至少3年； • 在3年内没有严重违反海关法或海关相关法律的行为。 **申请、核实及授权程序：** • 申请人提交申请表格、证明文件及填妥的自我评估清单； • 所递交的申请表格和安全资料将被审核是否符合AEO要求； • 泰国海关进行实地检查（确认访问）； • 申请递交后的90日内，泰国海关将通知申请人其申请是否被批准。	• 包括进口、出口、复出口等海关程序的优先权； • 税务优惠，更快得到退税； • 作为标准化AEO成员有使用担保的特权； • 为转运和过境提供保证； • 按照海关规定的条件办理案件的特权； • 出口商将获得有互认协议的外国海关的认可； • 其他优惠条件将由海关署署长公布，如快速退税程序、保税仓库、保税区等，以及关于减少涉及虚假申报的轻微海关犯罪行政诉讼所需时间的特权，如关税和税额没有任何变化的案件。

2.1.4.12 越南

项目名称	实施时间	范围	经营者类型	经营者数量	法律依据	进一步计划（截止日期）
AEO	2011年5月13日试行，2013年6月27日正式运行	对符合86/2013/TT-BTC号通知中所规定条件的企业适用海关对企业的优先管理制度	出口企业、进口企业、高技术企业	30家（2015年2月）		• 2015年：预计30~35家企业被认定为AEO企业； • 2015年2月：发出包括安全新规在内的新AEO通告（减少越南规定和WCO SAFE的区别）。

资格认可（要件、过程）	福利
申请认证AEO的资料包括： • 书面要求：1份原件，企业在其中建议并申请优先企业的类型。 • 报告过去2年内企业的进出口数据：1份原件。 • 统计持续时间按从1月1日到9月31日计算。正在进行的年份：对于6个月以下的情况，使用前2年的统计数据；对于6个月以上的情况，使用前几个月和统计年份剩下月份的数据。 • 过去2年的企业合规记录（如果企业有被处理的违法行为，包括处理次数、违规行为、实施的处罚和处罚级别、处罚机构和处罚决定的执行）：提交1份原件。 • 最近一次审核和检查的书面结论（如有的话，在1年内进行）：提交由企业核证的副本1份，并出示原件。 • 评估商业操作和财政状况的自我分析文件。 • 关于企业内部控制制度的自我分析文件；内部专业操作流程，其中详尽描述供应链中所有相关部门的专业操作流程（例如与进出口程序有关的部门：物流、会计、货物采购、货物销售、产品质量控制）。	• 通关阶段的优先权： 免除海关文件检查，免除货物查验（有明显违规迹象的除外）。在必须检查的情况中，AEO企业将被优先提供检查，通过技术手段检查，在企业选择的地点进行货物查验。 允许在海关数据库发生故障或暂停运行时，使用由企业代表签章的包括商业发票、货物包装单、货物订单、税务自行申报单等的一系列文件办理清关手续。 无须向海关登记耗材标准，如企业有符合海关管理和检验要求的进出口管理软件，则无须向海关提交流动性报告。 • 通关后阶段的优先权。

续表

资格认可（要件、过程）	福利
• 其他企业认为需要提交海关的文件，协助海关了解企业运作情况并支持评估和认证过程。 **文件验证：** • 接收和处理申请的主管部门：越南海关总局清关后审计部。 • 海关接受企业的申请请求。 • 海关应当根据企业提供的文件，利用其数据库和其他信息来源，查看企业的合规程度和进出口营业额。 • 收集有关部门对海关法和企业税法遵守情况的评价和意见。 • 对进出口货物的 HS 编码进行审核。 **实地验证：** • 实施 PCA 来评估海关法、进出口业务税法的执行情况。 • 评估企业的内部管理能力。 • 检查企业用以提供信息技术支持的技术基础设施，以满足企业与海关、税务机关之间电子数据连接和交换的要求。 • 处理时间：45~75 个工作日。 **制作备忘录：** • 详细说明 AEO 的类别、海关管理责任和企业授权决定。 • 越南海关总局局长应签署关于优先业务授权的决定。 • 第一次授权的有效期：自签署之日起 36 个月。 **事后授权：** • 复审，延长。 • 暂停。 • 停止。	• 在对企业适用优先制度期间，海关不得对这些企业进行通关后审核（有明显违规迹象的除外）。 • 单一海关申报。 • AEO 企业可做出如下的单一申报： 出入境或过境货物，应当先报关，然后进行进出口； 现场进口的货物，或从保税仓库购买的生产用材料、零部件，应当先进行进口（保税仓库的所有者和企业应当在交货记录和收货记录中进行监督和记录），之后进行报关。 • 税收程序的优先权： 优先实行自流动性制度，先退税，后检查。

2.1.5 世界海关组织欧洲地区

2.1.5.1 欧盟

<table>
<tr><th>项目名称</th><th>实施时间</th><th>范围</th><th>经营者类型</th><th>经营者数量</th><th>法律依据</th><th>进一步计划（截止日期）</th></tr>
<tr><td>AEO</td><td>2008年1月1日</td><td>进口、出口</td><td>整个供应链</td><td>17402 个申请者，15116 个证书获得者</td><td>欧盟海关法及施行细则下的自愿参与。</td><td>由于该方案的实际执行时间超过 5 年，所有成员都收到了申请并给予了地位，在与第三方的相互承认谈判中取得了经验，新的欧盟 AEO 准则自 2012 年 4 月 17 日起开始使用。</td></tr>
<tr><th colspan="5">资格认可（要件、过程）</th><th colspan="2">福利</th></tr>
<tr><td colspan="5">三层水平系统：（1）AEO 海关程序简化；（2）AEO 安全与保障；（3）AEO 海关程序简化/安全与保障。
一般要求：
• 适当的合规记录；
• 令人满意的管理记录系统；
• 在适当情况下，证明财务偿付能力；
• 对于希望享受安保便利的 AEO 运营商，需要满足安全与保障标准。
认证：
• 一般情况下与海关安排有关的主要账户所在的成员，以及至少进行部分 AEO 活动的成员，均可提出申请；
• 申请人进行自我评估；
• 通过 AEO 数据库与所有 AEO 成员进行充分沟通和咨询；
• 详细的安保档案；
• 合规及偿付能力要求；
• 风险评估，安全检查（WCO 标准）；
• 安保自我评估；
• 在 AEO 企业取得授权后检查其运作情况，以确保最高合规水平；
• 重新评估，暂时吊销和撤销；
• 接纳及拒绝申请，以及暂时吊销及撤销认可经济运营商证书的条件都写在法规中。</td><td colspan="2">直接福利：
• 货物出入欧盟被截停检查的风险降低；
• 要求在特定地点进行海关检查的可能性低；
• 以减少在简要声明中提供的数据的形式提供便利；
• 简化海关程序，更容易获得授权和许可；
• 1 名特派的海关支援人员；
• 降低纸面检查（审计）和实物检查的控制；
• 在不影响海关监管的情况下，提前通知检查，在必要时，即使没有事先通知进行检查，也可以进行实物检查；
• 优先对待；
• 互认。
间接福利：
• 减少盗窃和损失；
• 减少延迟运输数量；
• 改进计划；
• 增强雇员承诺；
• 减少安保事故；
• 降低供应商检验成本，加强合作；
• 减少犯罪和破坏行为；
• 通过员工认同减少问题；
• 加强供应链伙伴间的安保与沟通。</td></tr>
</table>

2.1.5.2 以色列

项目名称	实施时间	范围	经营者类型	经营者数量	法律依据	进一步计划（截止日期）
AEO	2011年	出口	出口商、报关行、国际货代、仓库、航空货运站、海港、航空公司	31家出口商、报关行，20家国际货代，7家仓库，2家航空货运站，2家海港，1家航空公司，总计63家	自愿参与正式的海关程序。	将项目扩展到供应链的其他环节，增加经营者和参与者的数量（包括物流合作伙伴），并向互认协议签署方向采取行动。
资格认可（要件、过程）					**福利**	
• 必须满足合规要求； • 必须满足安保需求； • 向海关申请； • 海关进行评估； • 海关签发 AEO 资格； • 海关的后续视察； • 海关可以撤销和延长 AEO 资格。					**直接福利：** • 减少被检查的可能性； • 简化进出口检验（优先考虑文件检验）； • 提前放行（货物到达前的文件检查）； • 无纸化程序； • 海关的 AEO 联络点。 **间接福利：** • 更少的花费； • 增强安全意识，改进程序； • 减少安保事故； • 改善全球市场适销性； • 确保货物顺畅、安全流通。	

2.1.5.3 挪威

<table>
<tr><th>项目
名称</th><th>实施
时间</th><th>范围</th><th>经营者
类型</th><th>经营者
数量</th><th>法律依据</th><th>进一步计划
（截止日期）</th></tr>
<tr><td>AEO</td><td>2009 年 3 月 3 日</td><td>进口、出口</td><td>货物的国际流动中涉及的所有经营者</td><td>29 家</td><td>《海关法》条款 3-1（5）、《海关条例》条款 3-1-20～3-1-27。</td><td></td></tr>
<tr><th colspan="5">资格认可（要件、过程）</th><th colspan="2">福利</th></tr>
<tr><td colspan="5">要求：
● 企业在挪威登记注册。
● 达到要求的遵守海关规定记录。
● 达到要求的会计和运输信息管理记录。
● 适当的财务偿付能力状况。
● 适当的安保标准。
● 要件：
申请和自我评估；
风险分析和检查（实地）；
对申请做出决定：签发或拒绝证明；
授权的管理（监督和后续工作，如基于风险分析的周期性检查）。
● 授权期为 5 年。</td><td colspan="2">● 海关可以在货物进入或离开关税区前，通知 AEO 企业有关货物已被选定做进一步物理控制；
● AEO 企业可在抵港或离港前递交删减资料的通知；
● 较其他经营者，AEO 企业较少受到基于实体或文件的监管；
● 当货物被选定做进一步检查时，必要的管制工作须作为优先事项进行；
● AEO 企业可要求在海关办事处以外的地点进行海关查验，然而，这取决于与海关部门的个别协议。</td></tr>
</table>

2.1.5.4　瑞士

<table>
<tr><th>项目名称</th><th>实施时间</th><th>范围</th><th>经营者类型</th><th>经营者数量</th><th>法律依据</th><th>进一步计划（截止日期）</th></tr>
<tr><td>AEO</td><td>2011 年 6 月 1 日</td><td>进口、出口</td><td>整个供应链</td><td>65 家已得到认证，140 家申请者（2015 年 1 月）</td><td>自愿参与，受国家海关法和海关条例管辖。</td><td></td></tr>
<tr><th colspan="4">资格认可（要件、过程）</th><th colspan="3">福利</th></tr>
<tr><td colspan="4">一般要求：
●适当的守法记录；
●达到要求的管理记录系统；
●得到证明的财务偿付能力；
●适当的安保标准。
资格认可：
●完成申请和自我评估，将文件寄送给海关；
●海关对申请者进行风险分析和检查；
●海关授予或拒绝授予 AEO 身份；
●在 AEO 企业获得授权后，监察其运作情况，以确保遵守规定的水平。
如需要，海关可暂停或吊销其 AEO 资格。有关规定制订了接受和拒绝申请，以及暂时吊销和撤销 AEO 企业证书的条件。</td><td colspan="3">直接福利：
●进入瑞士的货物被截停进行安全检查的可能性变低；
●申请海关安全检查特定地点的可能性；
●以减少在简要申报中提供的数据的形式提供便利；
●降低纸面安全检查（审计）和实物安全检查的控制；
●在不危及海关安全控制的情况下，提前通知检查，必要时，即使没有事先通知进行检查，也可以进行实际安全控制；
●优先待遇；
●互认。
间接福利：
●减少偷窃和损失；
●延迟运输的数量减少；
●增强计划；
●增强员工承诺；
●减少安保事故；
●降低供应商检验成本，加强合作；
●减少犯罪和破坏行为；
●通过员工认同减少问题；
●加强供应链伙伴间的安保与沟通。</td></tr>
</table>

2.1.5.5 土耳其

<table>
<tr><th>项目名称</th><th>实施时间</th><th>范围</th><th>经营者类型</th><th>经营者数量</th><th>法律依据</th><th>进一步计划（截止日期）</th></tr>
<tr><td>AEO</td><td>2013 年 1 月 10 日</td><td>进口、出口</td><td>出口商、进口商、国际货物承运人</td><td>20 个认证者，截至 2015 年 1 月</td><td>自愿参与，受到《便利海关手续执行规定》管辖（第二版于 2014 年 5 月 21 日在土耳其共和国官方公报上发表）。</td><td>将方案范围扩大到供应链的其他部分，增加进口便利，并与其他海关制定双边互认协议。</td></tr>
<tr><th colspan="5">资格认可（要件、过程）</th><th colspan="2">福利</th></tr>
<tr><td colspan="5">只有一种证明书，既包括简化海关程序又包括安保措施。
一般要求：
• 遵守海关规章制度的适当记录；
• 达到要求的商业和运输记录管理系统；
• 得到证明的财务偿付能力；
• 适当的安保标准。
资质认可：
• 向存放与海关安排有关的主要账户的地区局提出申请；
• 地区局的预评价（审查提交的文件和查询数据库）；
• 基于自我评价表格的实地审计；
• 对申请者予以授权或拒绝；
• 在 AEO 企业获得授权后，监察其运作情况，以确保按最高水平运行。</td><td colspan="2">• 在风险管理系统内进行风险分析的风险评分较低；
• 如果要进行实物管制或纸面管制，应优先处理；
• 进出口汇总申报的数据集减少；
• 提交简化的申报单；
• 进出口无纸报关；
• 保证服务（一次性或部分保证）；
• 便利的绿色通道（没有物理或纸质控制）；
• 经认证的出口商资格；
• 凭 ATR 转移证书和发票申报单分别申报 EUR. 1 和 EUR. MED 证书；
• 本地清关权（进出口货物）；
• 授权发货人和收货人的权利；
• 目前认可的土耳其授权贸易商的其他便利；
• 使用 AEO 标志。</td></tr>
</table>

2.1.5.6 摩尔多瓦共和国

项目名称	实施时间	范围	经营者类型	经营者数量	法律依据	进一步计划（截止日期）
AEO	2014 年 3 月 3 日	进口、出口	货物的国际流动中涉及的所有经营者	96 家	《摩尔多瓦共和国海关法》第 281 条关于认可经济运营商；2014 年 8 月 7 日关于执行《摩尔多瓦共和国海关法》规定的第 647 号政府决定；2014 年 11 月 13 日关于批准审计前程序方法准则的第 483-o 号海关令；2015 年 2 月 16 日第 50-o 号海关令，对 AEO 企业实施海关简化和优惠措施。	拟定和批准有关监察 AEO 的说明书； 更新国家立法。

资格认可（要件、过程）	福利
三层水平系统： 1. AEO——为海关简化（AEOC） 2. AEO——为安全保护（AEOS） 3. AEO——为海关简化/安全保护（AEOF） **一般要求：** ● 没有国家公共预算债务； ● 持有高流动性资产，有会计记录和可用信息确认； ● 在提出申请前的最后两年内，不违反依照法定程序规定的海关立法； ● 贸易业务记录管理系统具有可用性，如适用，有可以进行适当的海关审计的运输文件； ● 有处理货物所需的处所、设备及人员。 **资质认可：** ● 评估经营者是否符合认可经济运营商的准则； ● 申请人递交申请； ● 海关接受文件； ● 审查申请； ● 审计程序； ● AEO 证书的签发； ● 证书的管理（监察程序）。	**直接福利：** ● 减少物理控制和基于文件的控制； ● 如被选择受管制，应优先处理货物； ● 监管地点的选择； ● 更容易接受海关程序简化； ● 事先通知； ● 在单独的入口 / 道路上进入州边界过境点的优先权。 **间接福利：** ● 被认为是安全可靠的商业伙伴； ● 增进和海关的关系； ● 增进和其他政府部门的关系； ● 互认。

2.1.5.7 塞尔维亚共和国

项目名称	实施时间	范围	经营者类型	经营者数量	法律依据	进一步计划（截止日期）
AEO	2014年9月1日	进口、出口	和海关程序有关的供应链中的所有经营者	已签发3个AEO证书	自愿参与； 海关法（自2010年3月4日起生效）； 海关批准的货物处理条例，条款21-40（自2011年1月1日起生效）。	开始与土耳其共和国和中欧自由贸易协定缔约方就相互承认地位问题进行谈判。
资格认可（要件、过程）						**福利**
有如下3种不同的AEO认证： 1. AEO认证——海关简化： 允许经济经营者受益于海关规则规定的简化。 2. AEO认证——安全与保障： 允许经济经营者在塞尔维亚关税区或在塞尔维亚关税区出口处享受与安全保障有关的海关便利。 3. AEO认证——海关简化与安保： 允许经济经营者受益于上述海关简化和便利化。 要申请AEO身份，需要符合以下条件： • 在上一期间遵守海关规定的适当记录； • 符合标准的管理商业和运输记录的系统，以便进行适当的海关管制； • 财政流动资金； • 必要时，在国际货物贸易中采用适当的安保标准。 认可过程： • 应以规定的表格向贝尔格莱德海关提出申请； • 申请应当连同海关批准的货物处理条例规定的文件一并提交； • 申请人应当填写完整的自我评估问卷； • 主管机关应收集申请人的必要资料和数据； • 委员会核实证明签发标准的符合程度； • 决策。 监察、暂时吊销、重新评估、撤销AEO证书。						• 更容易接受海关程序简化； • 事先通知AEO企业由于安全和风险分析的结果，货物已选定进一步进行实物控制，该通知只可在不会妨碍拟进行的管制的情况下提供； • 减少进出口申报所需的数据集； • 减少物理控制和基于文件的控制； • 如被选定作为控制对象，优先处理货物； • 选择监管进行的地点； • 间接福利。

2.2 拟开展的 AEO 项目

2.2.1 世界海关组织美洲和加勒比地区

2.2.1.1 智利

项目名称	发布日期	范围	经营者类型	法律依据	进一步计划（截止日期）
AEO	2016年	出口		第0849/2009号修正决议案第24条修正海关法（海关系列）。	• 推出“试验验证”阶段； • 确定“资源缺口”（财务、人力、后勤、法律和培训）； • 修订和公布 AEO 计划的海关条例，包括认证、上诉和暂停或撤销 AEO 资格的程序。

资格认可（要件、过程）	福利
资质认可： • 预先申请：公司必须填写预先申请单并交付海关。 • 预评估：海关将进行总结风险评估过程，以确定是否符合海关、法律、财务和税务标准。评估根据申请人在预先申请单表格内所提供的资料进行。 • 自动评估：公司必须填写自动申请单并交付海关。 • 评价：海关将根据申请人在自动申请单表格中提供的信息，进行风险评估程序和现场核查程序，以确定安全标准的遵守情况。 • 证明：该证明在规定期限内有效，之后公司应申请更新证明，更新所有信息和背景资料。 • 监测和重新评估：海关将评估贸易经营者是否继续遵守义务和标准。违反规定的，海关可以暂停或者撤销认证。 暂时吊销及撤销：如企业未能维持 AEO 的标准或严重未能保障货物的完整性及安全，海关可暂时吊销或取消其 AEO 资格。 上诉：所有贸易经营者都可以通过现行国家法律规定的法律程序对海关当局的任何决定提出上诉。	一般而言，根据证书的类别，经营者可从简化贸易手续、缩短轮候时间及加快货物通关程序中获益。 • 公司质量标志； • 对跨国公司有价值的投资； • 贸易便利化； • 为公司提供安全实施指导； • 可靠的贸易伙伴。

2.2.1.2 厄瓜多尔

项目名称	发布日期	范围	经营者类型	法律依据	进一步计划（截止日期）
AEO	即将发布	海关提供质量保证：在供应链中安全可靠的经营者	出口商	• 海关法及其规定； • AEO 试点决议 SENAE-DGN-2014-0566-RE。	• 对要求进行改进； • 公司内审计； • 完成试点项目。

资格认可（要件、过程）	福利
接受 AEO 的要求：必须填写申请表和条件要求。 认证过程：满足一般要求和最低安全要求。 在符合的情况下，认证将持续 3 年。 之后，公司应该申请续证。 监督：定期检查访问，评估公司是否符合标准的要求。	• 缩减出口申报的数据； • 使用 X 光机； • 风险分析系统中的低风险评分； • 对照组优先对待； • 培训、讲习班和参加管制部门举办的论坛； • 培训、讲习班和参加 AEO 委员会举办的论坛； • AEO 企业会有指定官员解决问题或疑问。

2.2.1.3 萨尔瓦多

<table>
<tr><th>项目名称</th><th>发布日期</th><th>范围</th><th>经营者类型</th><th>法律依据</th><th>进一步计划（截止日期）</th></tr>
<tr><td>萨尔瓦多经认证的经营者（OEA-SV）</td><td>2015 年第二季度</td><td>进口、出口（第一阶段的出口商及未来供应链上的其他角色）</td><td>出口商、承运人、进口商、报关行、仓库管理者、运输人</td><td>中美洲单一海关编码（CAUCA）及其规则（RECAUCA），AEO 互认程序。</td><td>第一年通过认证 5 个经营者，将承运人纳入 2016 年计划，并不断增加 AEO 数量。</td></tr>
<tr><th colspan="4">资格认可（要件、过程）</th><th colspan="2">福利</th></tr>
<tr><td colspan="4">一般要求：
• 服从税务和海关规定；
• 适当的商业记录和内部控制系统；
• 金融偿付能力证明；
• 足够的安全措施。
资格认可：
• 向海关提交申请（自我评估、风险评估）；
• 文件评估；
• 审核（文件及现场验证）；
• 安全认证和简化认证获发证书（有效期 3 年）。
审核：海关当局可根据风险评估进行定期检查访问、清关后的审核以及证书的续签。</td><td colspan="2">• 减少海关实物检查；
• 迅速放行；
• 在 AEO 场所或海关设施内清关货物；
• 海关优先处理行政事务；
• 海关监管的优先权，如被选择接受检查；
• 考虑纳入新的贸易便利化计划的可能性；
• 会计方面的官方个性化关注；
• 海关程序和安全措施方面的专门培训；
• 贸易壁垒、突发事件或高度威胁情况下的特别措施；
• 被其他国家（地区）海关认定为 AEO 的可能性。</td></tr>
</table>

2.2.2 世界海关组织中东和北非地区

2.2.2.1 突尼斯

项目名称	发布时间	范围	经营者类型	法律依据	进一步计划
AEO	2010年1月26日（试行）	进口、出口9家公司，30家申请待决	进口商、出口商（商业公司、出口公司）	《突尼斯海关法》第118条和第120条（2008年6月2日关于制定《突尼斯海关法》的第34／2008号法律）； 2009年1月28日财政部长令，2009年2月3日在《突尼斯共和国官方公报》第10期发表。	● 发展现有的AEO概念，并计划逐步将计划扩展至其他商业运营商及供应链其他参与者（港口运营商、货运代理商、承运商、仓库运营商）； ● 加强安全保障措施（全方位）； ● 在2011年内将AEO资格给予其他运营商（正在考虑的有新申请的30家）。

资格认可（要件、过程）	福利
给予认证的一般要求和条件： ● 必须有ISO证明； ● 达到要求的财政状况； ● 税务状况正常； ● 不得有严重违反海关规定的行为； ● 每年至少提交一定数量的报关单； ● 保存符合公司会计制度规定标准的业务账目，并采用海关批准的模式进行成本核算和库存核算； ● 有合适的处所存放进口货物，并具备装卸和处理进口货物所需的设备和人力资源； ● 提交审核场所及公司账户安全性的认可审计报告。	● 在海关与有关公司之间建立信任气氛； ● 减少海关管制和简化海关手续（迅速、有效地清关）； ● 在公司的商业场所办理货物检验、放行手续； ● 减少财务费用、后勤费用和延误造成的费用； ● 延期支付通常在货物运走时应付的关税和税款； ● 提高公司的竞争力； ● 促进公司间的公平竞争； ● 有利于公司产品的出口。

续表

资格认可（要件、过程）	福利
担保： ● 根据上一年度缴纳的关税和税款数额，为进口业务提供年度财务报告或银行担保（百分比由突尼斯海关管理部门确定）。 ● 开立海关债券账户。 ● 搬运时必须进行货物扫描。 ● 如有需要，有关公司派驻的海关人员会在每次进口时，在该公司所在地进行货物检查，但检查时间不得超过协议规定的期限；海关管理部门的服务部门将开展清关后管制行动，这些行动可能是定期的，也可能是不定期的。 **认证：** ● 向海关提出申请，并附上必要的文件和材料。 ● 审查要求（检查手续是否已经完成）。 ● 公司内部诊断审计（以文件为基础）： 保存可靠的账目； 有自动化的库存管理系统； 存在适当的内部控制和监督制度； 符合必要的安保准则（安全的供应链）。 ● 验证审核（现场检查），以检查所提供的信息是否反映了真实情况。 ● 主管咨询委员会的决定（由海关管理部门一把手担任主席，由相关的海关机构以及其他有关部门的代表组成）。 ● 请求方被告知委员会的决定。 ● 通过与突尼斯海关签署一项协定，给予申请方以 AEO 地位；该协定规定了海关给予的好处和受益方的义务，以及受益方应提供的安全和保证。 ● 通过基于风险分析的定期控制对公司进行监控。 ● AEO 资格可根据有关规定被暂停或撤销。	

2.2.3 世界海关组织东部和南部非洲地区

2.2.3.1 博茨瓦纳

项目名称	发布时间	范围	经营者类型	法律依据	进一步计划（截止日期）杂项
特兰斯卡拉哈里（TransKalahari）认证计划	初步时间为2010年。目前阶段：国内协商。	进口、出口	货代、保税仓库经营者、进口商、出口商、运输人	南部非洲关税同盟的法律正在审查中，但它确实为执行这一计划作出了规定，安全要素必须纳入目前反映海关便利化要求和福利中。	借用南非、欧盟和《全球贸易安全与便利标准框架》的元素（用于安全）。由于该方案基于RSA通道，博茨瓦纳和纳米比亚正在制订统一方案，并将承认在南非共和国注册的运营商。该计划将在南部非洲发展共同体地区推广，以确保该地区成员的相互承认。没有其他国家作为一个集团参与相互承认的谈判。一旦南部非洲发展共同体成为一个关税同盟，它将能够进行双边谈判。

2.2.3.2 塞舌尔

项目名称	发布时间	范围	经营者类型	法律依据	进一步计划杂项
AEO	待定	进口、出口	整个供应链		等待总检察长办公室批准立法草案，寻求技术援助，以协助以下工作： 建议第一阶段： ● 进行实况调查，以确定实施 AEO 的好处和挑战； ● 为海关及相关人士举办会议和培训工作； ● 提升能力，以促进方案的妥善执行。 建议第二阶段： ● 根据要求提供指引、表格、问卷、检查表、参考资料或培训手册； ● 支持引入试验阶段； ● 在全面实施之前对试验阶段进行评价。

资格认可（要件、过程）	福利
一般要求： ● 遵守海关规定的适当记录； ● 一个令人满意的商业经营制度； ● 在适当情况下，证明财务偿付能力； ● 为希望受益于安保设施便利的 AEO 企业制定适当的安保标准。 **资格认可：** ● 确认所提交的申请表格及证明文件； ● 与有关部门进行沟通和协商； ● 风险评估、安全检查（世界海关组织标准）； ● 审核。	● 从塞舌尔进口或出口的风险较低的货物将不会被检查； ● 申请海关在特定地点检查的可能性； ● 以减少在简要声明中提供的数据的形式提供便利； ● 简化海关程序，更容易获得授权和许可； ● 一名特别任命的海关支持官员； ● 减少纸面检查（审计）和实物检查的限制； ● 在不影响海关管制的情况下，提前通知检查； ● 在必要时，即使没有事先通知进行检查，也可以进行物理检查； ● 优先待遇； ● 互认。

2.2.3.3 南非

项目名称	发布时间	范围	经营者类型	立法依据	进一步计划（截止日期）
AEO	新的海关控制法案中包含了一些变化，这些变化已经得到了议会的批准，但还有待实施	贯穿供应链的安全要求	出口商、进口商、结算代理人、运输人、船公司、车站、集装箱码头、仓库	《海关管制法》第30章（待实施的新法，第2阶段）；更具体的规则将根据运作和系统准备情况为AEO运营商起草。	2015/16：优先贸易单位的AEO能力开发。

2.2.4 世界海关组织亚太地区

2.2.4.1 孟加拉国

项目名称	发布时间	范围	经营者类型	法律依据	进一步计划（截止日期）
AEO	试验阶段于2015年3月发布	试验阶段为出口商	试验阶段为出口商	1969年《海关法》	待定
资格认可（要件、过程）					福利
待定					待定

2.2.4.2 菲律宾

项目名称	发布时间	范围	经营者类型	法律依据	进一步计划（截止日期）
AEO	2015年	进口、出口	进口商、出口商、仓库经营者、报关行、货代	即将签署的行政命令。	2015年：10个AEO企业。
资格认可（要件、过程）					福利
正在进行中。					正在进行中。

2.2.5 世界海关组织欧洲地区

2.2.5.1 亚美尼亚

项目名称	发布时间	范围	经营者类型	法律依据	进一步计划（截止日期）
AEO		进口、出口	报关行、出口商、进口商	海关联盟的海关法（2009年11月7日起）； 政府第590号决定，其中规定了填写申请表和向上级海关提交申请以便获得AEO身份的程序。	

续表

资格认可（要件、过程）	福利
• 支付价值 100 万欧元的关税和税款，这是根据提供保证之日关税同盟成员方立法规定的税率计算的，但下列规定的情况除外：从事货物生产或出口活动的人员，在根据关税同盟委员会决定规定的措施，提供价值 15 万欧元的关税和税款（根据关税同盟成员方自提供保证之日起的立法规定的税率计算），而不适用出口关税的情况下。 • 按照关税同盟成员方法律规定的条件开展对外贸易活动，但在向海关当局提出申请之日前不得少于 1 年。 • 自向海关申请之日起未欠海关费用、税款和附加费。 • 在向海关当局提出申请之日，根据关税同盟成员方的立法（税法）缴税，无税收债务和征税欠款。 • 在向关税同盟成员方立法规定的海关机关申请前 1 年内，没有对海关违法行为及被依法追究刑事责任的事实。 • 这种会计货物方案的存在将使海关当局能够将关于海关活动的资料与关于商业和贸易活动的资料结合起来。 • 遵守关税同盟海关立法或关税同盟成员方立法规定的其他要求和其他条件（《关税同盟海关法》第 39 条）。	AEO 企业可能有机会在一个特殊的简化程序中工作。 • 货物在 AEO 企业处所、开放广场和其他地区的临时检查。 • 根据《关税同盟海关法》第 197 条，在报关前放行货物。 • 在 AEO 企业处所、开放广场和其他地区开展与放行货物有关的海关活动。 • 海关联盟立法规定的其他简化程序。 • 本条规定的简化程序仅适用于认为需要使用此类特别程序的情况下，AEO 企业有权作为货物的报关者。 • 关税同盟委员会决定不适用特别简化程序的货物清单（《关税同盟海关法》第 41 条）。

2.2.5.2 格鲁吉亚

项目名称	发布时间	范围	经营者类型	法律依据	进一步计划（截止日期）
AEO	2017~2018 年	进口、出口	正在进行中	正在进行中	定期申报
资格认可（要件、过程）					福利
正在进行中					正在进行中

2.2.5.3 冰岛

项目名称	发布日期	范围	经营者类型	法律依据	进一步计划（截止日期）
AEO	不适用	进口、出口	冰岛境内供应链上达到项目要求的所有经营者	正在进行中	2017 年实行
资格认可（要件、过程）			福利		
要求： ● 在冰岛商业注册处登记； ● 事先令人满意地遵守海关规定； ● 达到要求的会计管理和运输信息系统； ● 适当的财务偿付能力状况； ● 适当的安保标准。 **资格认可：** ● 申请和自我评估；			● 海关当局可在货物进入或离开关税区前，通知 AEO 企业有关货物已选定做进一步实物管制； ● AEO 企业较其他企业受较少的实体及以文件为基础的管制； ● 当货物被挑选进行进一步检查时，应优先进行必要的控制； ● AEO 企业可要求在有关海关办事处以外的其他地点进行海关管制； ● 但是，这取决于与有关海关当局的个别协议； ● 客户服务代表确保优先回应海关提出的裁决请求。		

续表

资格认可（要件、过程）	福利
• 风险分析和检查（现场）； • 关于申请的决定——签发或拒绝签发证书； • 授权的管理（监测和后续行动，例如根据风险分析进行定期检查）。 授权期为 5 年。	

2.2.5.4 黑山共和国

项目名称	发布日期	范围	经营者类型	法律依据	进一步计划（截止日期）
AEO				《黑山海关法》第 6b 条规定了“经认证的经营者”条例，规定了授予经认证的经营者的条件。	确定批准 AEO 身份的程序标准的条例应规定批准 AEO 身份的条款和程序，欧洲联盟委员会第 2454/93 号条例规定了执行关于制定共同体海关法的理事会第 2913/92 号条例的条款。

2.2.5.5 马其顿共和国

项目名称	发布时间	范围	经营者类型	法律依据	进一步计划（截止日期）
AEO	2009年7月1日（发布AEO试点计划）	进口、出口	进口商、出口商、承运人（铁路、海运、空运、公路、船代）、报关行、快递公司、仓库经营者、货代 注意：包括中小企业	《马其顿共和国海关法》（修正案第4／08号）、《海关法实施条例》（第42／09号修订）和AEO运作说明（指引）。	进一步推广AEO计划。 分阶段的方式：进口商、出口商、报关人和运输人，然后再进行其他计划。
资格认可（要件、过程）					**福利**
3个类型： 1. 海关简化AEO证书，适用于只希望在海关简化的基础上受益的经营者； 2. AEO安全便利，在向马其顿共和国进出口货物时为海关管制提供便利； 3. 全面的AEO安全便利+海关简化。 **一般要求：** • 按照海关部门的一般要求办理海关手续； • 不是高风险企业； • 具备有效的商业证据管理制度，并在必要时具备适当的运输证据，为实施适当的海关管制奠定基础； • 有偿付能力，必要时提供相关证书； • 适用适当的安保标准，必要时，提供相关认可证书（《马其顿共和国海关法》第6条a款）。					一般而言，根据证书的类别，经营者可从简化贸易手续、缩短轮候时间及加快货物通关程序中获益。 • 公司质量标志； • 对跨国公司有价值的投资； • 贸易便利化； • 安全便利化； • 可信赖的贸易伙伴。

2.2.6 世界海关组织非洲中西部

2.2.6.1 科特迪瓦

项目名称	发布时间	范围	经营者类型	法律依据	进一步计划（截止日期）
AEO	2014年1月发布，2015年开始有效实施	进口、出口	进口商、出口商、经认证的报关行（ACB）	修订《海关法》的行政命令草案已提交总统签署。	首先，计划实施AEO海关简化地位，选择两家公司作为试点。其次，作为第二步，授予AEO安全身份以及海关简化安全身份。试验计划待最后确定。 • AEO资格扩展至其他符合规定的公司； • 与加纳签署双边互认协定； • 2016年与其他国家（地区）签署双边互认协定。

资格认可（要件、过程）	福利
获得AEO海关简化身份的条件： • 该公司必须在科特迪瓦成立，并提交1份财务声明； • 公司必须至少连续开展业务3年； • 必须符合国家海关和税收立法，并使用“卷筒”财政程序； • 应根据科特迪瓦立法开展的活动获得授权； • 必须根据账户和可获得的信息了解其具有财务偿付能力； • 必须对员工进行供应链活动方面的培训； • 必须为员工、安保人员提供社会保障，为设施和后勤提供保障； • 必须有一个电算化的会计系统，海关和税务部门可以安全查阅，所收集的信息必须保密； • 必须有内部控制系统归档文件，以及库存管理、危机管理（如火灾、罢工……）等为授予AEO身份而定义的程序； • 申请公司将向海关主管部门提出申请； • 此申请将由AEO申请管理组接收及处理； • 当申请获得批准后，审计组将进行审计； • 认可委员会审核整份申请或报告，并建议授予或拒绝AEO认可证书； • 授予AEO资格的授权书由总干事签署。	• 快速办理报关手续； • 通过韦伯方丹系统处理最终报告的分类和价值（RPCV），申请优惠待遇； • 简化文件程序； • 海关优先检查； • 与西非经济共同体区域其他国家和地区海关相互承认AEO身份的建议； • 海关的支持和协助； • 简化申请表格的内容； • 在相关部门指定一名联络人员，负责处理与AEO企业有关的所有行动； • 加快修订职务计算程序（清算）； • 取消码头边检查，以方便视察AEO企业的处所； • 根据货物性质进入绿色通道； • 海关主管部门有48小时进行检查，逾期不进行检验的，不予检验； • 可能签署处理具体情况和案件的议定书； • 签订AEO个人承诺，如海关对价值作出调整，会支付有关款项以追讨欠款； • 保证豁免或减少对经济有影响的海关程序，以利于AEO企业出口； • 增值税抵免退款的加速程序。

2.2.6.2 刚果民主共和国

项目名称	发布时间	范围	经营者类型	法律依据	进一步计划（截止日期）
AEO	决定实施但迄今没有具体日期	进口、出口	单一类型的经营者分为三类：海关简化、安保、全面认证	• 2010 年 8 月 20 日第 10 / 002 号法律，制定《海关法》； • 2011 年 12 月 24 日第 11 / 46 号法令，执行 2010 年 8 月 20 日第 10 / 002 号法律关于制定《海关法》的规定； • 2011 年 4 月 11 日第 16 号行政命令，执行 2010 年 8 月 20 日第 10 / 002 号法律关于制定《海关法》的规定； • DG/DG 号决定，DA/DG/2011，2011 年 8 月 11 日第 296 号法律，实施 2010 年 8 月 20 日第 10 / 002 号法律关于制定《海关法》的规定。	目前正在寻求伙伴关系经验交流和能力建设

资格认可（要件、过程）	福利
• 获授予 AEO 资格须向海关提出书面申请，并经海关进行满意度调查。 • 代表必须填写 12 页的申请表，表格分为 5 个章节。 申请人信息：组织特征、内部组织、活动量、与海关有关的信息。 海关合规：海关记录、关于潜在欺诈的信息。 企业会计和物流系统。 商业和物流记录的监管。	**授予 A 类经认证的经营者的福利包括：** • 减少实物和文件检查的数量； • 在选定为管制对象时，优先处理货物； • 在放行货物期间提交最少的资料； • 管制的提前通知； • AEO 企业可能在报关人的处所或在该国境内的其他地点进行清关； • 在一定时期内提交涵盖多项交易的货物申报单的可能性；

续表

资格认可（要件、过程）	福利
• 内部版控制系统。 • 货物流动。 • 建立货物申报制度，聘请报关行。 • 信息系统的维护、保存、修复和归档。 • 信息安全和系统安全。 • 安保信息和文件。 • 财务偿付能力。 • 安保要求： 申请人进行的安保评估（自我评估）； 建筑安保； 运输单位； 物流过程； 收货； 货物的存储； 货物的生产； 货物的装载； 供应商的安全规定； 个人安全； 外部服务供应商。	• AEO 企业根据自己的商业记录自行计算和缴纳关税等税款，海关酌情参考此种记录，以确保符合其他国家和地区海关要求； • AEO 企业可以在记录中记入货物申报单，然后以补充申报单的方式提出申报单。 **授予 B 类经认证的经营者的福利包括：** • 管制的提前通知； • AEO 企业可能在报关人的处所或在该国境内的其他地点进行清关； • 根据有限的资料向海关提交货物报关单的可能性； • AEO 企业使用的印章，海关予以承认； • 豁免 AEO 企业的运输工具的管制； • 在递交货物申报单之前装运货物出口的可能性。 **C 类经认证的经营者享有 A 类及 B 类经认证的经营者的优惠。**

3. 运行中的和即将启动的海关合规计划

3.1 运行中的海关合规计划

3.1.1 世界海关组织美洲和加勒比地区

3.1.1.1 巴西

项目名称	发布时间	范围	经营者类型	经营者数量	法律依据	进一步计划（截止日期）
蓝线（快速清关）	2004 年	进口、出口	进口商和出口商（一家公司必须每月至少参与 100 次国际贸易交易，总额至少 2000 万美元）		联邦收入监管秘书处：IN RFB 476/2004 号。	将蓝线和巴西 AEO 合规合并。

资格认可（要件、过程）	福利
一般标准： ● 是具有稳固社会契约的企业； ● 建立完善的内部审计制度； ● 遵守财务准则； ● 保留审计结果和其他文书工作的电子档案。	**对于进口商：** ● 货物的优先储存； ● 更少的货物海关检查； ● 被选择检查时，货物的优先对待。 **对于出口商：** ● 减少运送货物时的海关检查次数； ● 被选择海关检查时对货物给予优惠待遇。

3.1.1.2 加拿大

项目名称	发布时间	范围	经营者类型	经营者数量	法律依据	进一步计划（截止日期）
海关自我评估（CSA）	2001 年	进口	进口商和承运人	98 家被认证的 CSA 进口商、930 家被认证的 CSA 承运人（2015 年 2 月 17 日）		• 与其他兼容项目建立合作协议； • 将 CSA 资格扩大到其他模式和合作伙伴； • 增加入境口岸的福利和加快通关； • 与其他政府部门和机构合作，扩大简化清关服务的选择，并提高效益。

资格认可（要件、过程）	福利
计划会员申请程序： **进口商：** 分两部分申请，进口商必须符合申请程序第一部分的标准，才有资格申请第二部分。 • 安保概况资料——客户的风险评估，包括收集公司架构资料、主要业务活动及产品、公司与风险管理有关的政策，以及应要求提交季度报告或最近经审计的财务报表。 • 进口商必须证明其账簿、记录和业务系统具备必要的内部控制和程序，包括联系、控制和审计跟踪，以满足海关要求。 **承运人：** 分两部分申请，承运人必须符合申请的第一部分，才有资格提交第二部分。 • 承运人必须提供详细资料，例如完整的公司架构及所有相关的注册识别资料，有关其业务专长、客户、设备及司机的详细资料，货运设施的安保措施及人事政策，货运站及仓库的地点，以及所有部门的地点。 • 承运商须证明其在加拿大国际货运的内部程序；为所有的发货确定当前的业务流程，从订单到账单；确定他们如何为每一个他们接受的订单分配一个内部控制号；提供详细的调度程序和系统；为运输过程的每一步提供样本文件、说明及适当的联结；确定如何在系统中识别 CSA 批准的进口商、司机和合格的货物，确定其报告系统如何跟踪所有运往加拿大的货物，包括 CSA 批准的货物；并确定账簿和记录的位置。	**进口商：** • 减少进口商导入进口数据，降低成本； • 入境口岸加急处理； • 精简、自我评估和会计。 **承运人：** • 结束数据的事务性传输； • 增加快速海关处理的确定性； • 使承运人能够容易地履行其义务； • 简化合法贸易程序。 在贸易流中断的情况下，CSA 计划被纳入 CBSA 的业务恢复计划。

3.1.1.3 萨尔瓦多

项目名称	发布时间	范围	经营者类型	经营者数量	法律依据	进一步计划（截止日期）
PACE（Programa Aduanero de Cumplimiento Empresarial，企业合规的海关项目）	2008年12月	进口	进口商（所有规模，包括中小企业）； PACE包括公司的账户管理员，以便在进口过程中注意发生的事件。	3个经营者（37个申请、34个被拒绝、0个正在审核、24个暂未回应）		向AEO项目演变，包括安保规定。

资格认可（要件、过程）	福利
一般标准： ● 大型公司和中小企业的财务上限（每年贸易额在200万美元左右）； ● 偿付标准（包括ISSS和AFP）； ● 每年不超过支流差额的2%； ● 文件的一致性（增值税、租金）； ● 账户透明等。 **认证过程：** ● 协助依法购买货物； ● 购买过程； ● 货物的到达； ● 关税的计算和责任的确定； ● 递交申报； ● 做出没有禁止或敏感货物的决定，没有检查≥付款； ● 货物到达并发运； ● 清关后检查。	● 可预测性； ● 专门处理大进口商事务的官员； ● 为低风险公司提供特别福利； ● 口岸程序的简化； ● 降低成本（无延迟、库存、资金、存储空间等方面）； ● 减少被处罚的风险； ● 减少腐败可能； ● 给PACE成员的专门通道； ● 物理检查的快速程序。

3.1.2 世界海关组织中东和北非地区

3.1.2.1 阿尔及利亚

项目名称	发布时间	范围	经营者类型	经营者数量	法律依据	进一步计划（截止日期）
AEO	2012年7月3日	进口、出口	进口商、出口商	2012年（从2012年6月起）将授予经营者AEO资格	《2010年阿尔及利亚金融法》第38条和第39条； 阿尔及利亚海关法修正案，载于2009年12月31日阿尔及利亚共和国官方期刊（J. O. R. A）第78号； 《阿尔及利亚海关法》第89条（1979年7月21日第79-7号法律）； 政府执行令，2012年3月1日第12/93号，说明了AEO认证的条款和条件，刊登在阿尔及利亚共和国官方期刊（J. O. R. A）2012年3月7日第14号。	●逐步改善和发展现状及其实施。 ●加强安全防范措施。 ●遵守全球贸易背景下的法律框架。批准解释AEO认证实施的条款和审计指南。 自《阿尔及利亚海关法》修订以来，AEO认证一直是阿尔及利亚工商会（CACI）、国家对外贸易促进局（ALGEX）和海关总署（DGD）于2012年3月4日签署的协议的主题。这是为了建立一个伙伴关系框架，以发展和支持公共部门和私营部门之间的伙伴关系（ALGEX和CACI是依赖于商务部的公共实体）。 阿尔及利亚海关在全国范围内建立了公共关系和信息单位，听取、通知和向经营者提供AEO方面的建议。

续表

资格认可（要件、过程）	益处
认证的一般要求和条件： ● 经济经营者必须在阿尔及利亚设立，为自然人或法人，从事进出口业务，并在商品或服务生产领域经营； ● 过去 3 年内，没有任何犯罪记录涉及其法定代表人、高级职员或与海关、税务、贸易、劳工和社会保障等政府管理部门以及与其他参与对外贸易监督的机构的主要联系人； ● 不受破产、清盘、暂停业务活动、司法和解或和解程序的约束； ● 证明过去 3 年的财务偿付能力。 **认证：** 有第一阶段将覆盖涉及对外贸易的商品和服务生产商的倾向。在制定适当的监管规定后，第二阶段的认证将关系到国有企业的转售。 要取得 AEO 资格，申请人必须（政府执行令第 12/93 号第 4 条）： ● 向办理核心业务的辖区海关提交申请，并附上必要的文件和材料。 ● 明确并遵守职权范围，准确回答问卷。 ● 根据需要提供以下文件或文件副本： 法人身份、商业登记册（公司房屋记录）副本、税务登记卡、职权范围和已签字和批准的调查问卷； 海关人员需要审核的任何必要文件。 认证申请经认定可以受理后，主管海关进行审核，审核期限不超过 6 个月（政府执行令第 12/93 号第 4 条）。如申请不获接纳，会在递交申请当日起 1 个月内通知申请人被拒绝。否则，该申请将被认为是可以受理的。如审核结果为肯定，海关总署署长决定给予申请人 AEO 资格。 AEO 认证的有效期为 3 年，可续签。AEO 认证可根据规定暂停或撤销。	● 通过便利化和简化程序，提高国家经济的生产力和竞争力，这需要海关管理部门的参与； ● 促进经济活动，刺激和促进国际贸易，促进战略部门发展和支持投资； ● 有助于提高企业（尤其是中小企业）的经济竞争力，并在国家和国际两个层面上评估其信誉； ● 加强海关对与企业合作的信心（在便利通关程序方面为经济运营商提供个性化待遇）； ● 根据风险分析合理化控制； ● 通过高效减少放行时间，使通关程序符合国际标准。

3.1.2.2 阿拉伯联合酋长国

项目名称	发布时间	范围	经营者类型	经营者数量	法律依据	进一步计划（截止日期）
黄金清单计划	2007年	该计划旨在为受信任的公司提供一个黄金清单认证，通过这个认证，该方可以以最低的书面工作要求和最短的时间进出口其货物	受信任的公司的进出口贸易量有一定的阈值，并且在海关清关方面的违规或差异最少	目前有26家运营商加入了该计划	在海关法的保护下，并参照海关发出的有关此计划的指示，特别称为“黄金清单计划”指示。	预计到2014年年底，该计划的受益者总数将达到200家公司。

资格认可（要件、过程）	益处
在根据方案的标准选出成员后，将与该成员签署一项谅解备忘录，规定应遵循的程序和该成员的要求。成员将继续接受海关监管，阿布扎比海关将对受益人的货物进行随机检查。	●对海关： 这是建立一个完整的分类AEO计划的初始阶段。这也有利于简化海关手续。此外，它主要针对危险货物，并允许利益相关者参与。 ●对企业： 好处包括简化程序、优化放行时间、更信任海关和获得良好声誉，以及增加利润。

3.1.3　世界海关组织西非和中非地区

3.1.3.1　喀麦隆

<table>
<tr><th>项目名称</th><th>发布日期</th><th>范围</th><th>经营者类型</th><th>经营者数量</th><th>立法</th><th>进一步计划（截止日期）</th></tr>
<tr><td>经营者履约合同</td><td>2011 年 6 月</td><td>进口</td><td>进口商</td><td>27 家</td><td>公司与喀麦隆海关主管部门签订的合同。</td><td>扩展至其他港口利益相关者（报关公司、货运代理、装卸工等）</td></tr>
<tr><th colspan="5">资格认可（要件、过程）</th><th colspan="2">益处</th></tr>
<tr><td colspan="5">● 经营者提出申请；
● 海关根据公司业务量、财务状况、进口规律性、海关犯罪记录（根据公司报关单调整的关税金额和调整频率）接受。</td><td colspan="2">至少有 40%的进口商有资格进入蓝线（未经海关管制的港口出口），公司的蓝线率可根据其性能增加（高达 90%）或降低。
● 参观企业房产及经营场所；
● 从延迟付款程序中获益（货物放行后数周支付关税和税款）；
● 向进口商提供定制援助。</td></tr>
</table>

3.1.3.2 塞内加尔

项目名称	发布日期	范围	经营者类型	经营者数量	立法	进一步计划（截止日期）
特权伙伴关系计划（PPP）	2011年6月17日	进口、出口	进口商、出口商、参与国际供应链的公司	22家	2014年2月28日第2014-10号法律对《塞内加尔海关法》第121条进行了修改； 2011年6月17日第0381号决定（法令）DGD/DFPE/BREP，其中规定了特许合伙人特权计划（特许合伙计划）。	计划在2017年前启动一项由3个在AEO项目实施方面经验丰富的国家参与的基准行动。最终目标是使PPP与SAFE框架下的AEO计划完全一致。

资格认可（要件、过程）	益处
认证： 处理申请的有关机构称为“PPP审批委员会”： • 贸易促进与合作理事会合作方向主任； • 贸易促进与合作理事会合作方向副主任； • 海关主管部门其他首长级人员的代表； • 贸易及便利化咨询委员会小组负责人； • 税务总局代表。 **认证过程：** • 到海关主管部门领取免费申请表格。 • 填写关于公司内部组织流程信息的申请表。 • 填妥表格后，连同下列证明文件，提交贸易及便利化咨询委员会小组： 财政收据； 海关合规证明； 社会保障缴款证明书。 • 召开特权合作伙伴计划审批委员会会议，对申请作出决定。 • 有利意见的提交须连同授权请求草稿提交总干事签字，并向申请人发出授权通知。	通过认证的公司可享有四类福利。 A类： • 注册会计凭证后，立即放行货物，并快速办理清关手续； • 在检查通道中随机选择的操作以及这些操作的优先处理中，被确认为“合规”的声明； • 获得有约束力的提前信息的可能性。 B类： • A类福利 • 在海关部门内对所有阶段的处理设置强制性时限； • 可能缔结处理特殊情况的议定书； • 减少和合理化清关后审计。 C类： • A类和B类福利； • 用公司担保书取代通常的金融证券（如债券、现金存款）的可能性，将实际控制权转移到企业经营场所； • 简化出口手续。 D类： • 被授予“公民”和负责任的公司标签。

3.1.4 世界海关组织东部和南部非洲地区

3.1.4.1 马达加斯加

项目名称	发布日期	范围	经营者类型	经营者数量	立法	进一步计划（截止日期）
加速通关计划（PAD）	2011 年 6 月	进口	进口商	108 家	2011 年 6 月 8 日的行政命令（决定）MFB/SG/DGD23 号实施条款，为批准 PAD 及其实施规定。	

资格认可（要件、过程）	益处
一般要求： ● 海关认可的专业协会会员； ● 过去 3 年没有严重违反海关法规的行为； ● 良好的业务记录和会计记账制度； ● 财务状况良好。 **授权过程：** ● 通过相关专业协会提交申请； ● 根据潜在违反海关法规和金融法规的情况审查申请； ● 授权后进行监督和控制，以确保维护法治； ● 侵权情况下的撤销或中止。	为蓝线选择报关单（在清关时没有单据或实物的控制，但可能在清关后进行控制）。

3.1.4.2 毛里求斯

计划名称	发布日期	范围	经营者类型	经营者数量	立法	进一步计划（截止日期）
合格的贸易网用户（QTU）	2012 年	进口、出口	进口商、出口商	2 家	《2008 年海关（货物共同体制度）条例》	

资格认可（要件、过程）	益处
类别： 1. 海关简化； 2. 安全便利化； 3. 海关简化/安全便利化。 **过程：** ● 提交填妥的申请表和问卷； ● 接受上述文件的审核； ● 过去 3 个财务年度的现场审计及系统安全； ● 提交报告； ● 批准； ● 信函通知申请人认证结果，包括需要遵守的要求和义务。	● 货物清关快车道：减少停留时间和成本； ● 这些经营者在处理报关时不需要提交贸易文件； ● 如果海关电子系统（CMS）随机选择任何一份报关单进行物理检查，这些检查将在经营者的地点完成。

3.1.4.3 莫桑比克

计划名称	发布日期	范围	经营者类型	经营者数量	立法	进一步计划（截止日期）
AEO	2012年	进口和出口	进口商	6家	2012年11月23日DM第314号。	

资格认可（要件、过程）	益处
• 筛选和评估申请人的文件； • 调查和检查； • 证书的分配（如果满足要求）。	简化程序： • 通常已使用电子清关； • 只有在需要时才进行物理检查； • 根据风险管理评估选择托运货物进行查验时的优先权； • 文件验证或物理检查的个性化和提早警告。

3.1.4.4 卢旺达

项目名称	发布日期	范围	经营者类型	经营者数量	立法	进一步计划（截止日期）
合规的交易商计划分为两类： 1. 金卡计划（基于风险的选择通道）； 2. 预通关计划（让低风险进口商在货物抵港前通关）	金卡方案——2008年3月； 预先清关便利——2007年9月	进口	进口商		国家立法支持的方案；建立在进口商合规记录基础上的体系。	继续发展符合规定的贸易商计划，因为这符合国际贸易便利化和鼓励合规的决心。

3.1.4.5 南非

计划名称	发布日期	范围	经营者类型	经营者数量	立法	进一步计划（截止日期）
优先贸易商（两级认证）	2011 年	进口和出口	无限制	520 家参与； 215 项审计工作已经完成； 30 家由审查委员会批准，待授予资格	1964《海关与特别消费税法》第 64E 节及其规则。	实施全面的 AEO 安全保障计划，包括所有供应链运营商——时间待定。 开展国内消费税认证项目。

资格认可（要件、过程）	益处
自我评估问卷。 SARS 负责筛选申请人，包括搜集和分析企业资料，了解他们的历史违规和错误。 SARS 会进行全面审计，以确定企业是否符合法律规定的准则及标准。 适当的合规记录： ● 申请人、申请人的管理人员和负责海关事务的员工应： 未因欺诈或不诚实行为被定罪。 未因《海关与特别消费税法》被判犯有任何罪行。 未在申请前 3 年内就《海关与特别消费税法》第 80 条至第 84 条和第 86 条规定的任何罪行受到行政处罚。 未被判犯有以下罪行： ——1991 年增值税法（1991 年第 89 号法案）第 59 节；或 ——1962 年所得税法第 104 节（1962 年第 58 号法案）。	● 促进企业与海关之间的关系； ● 减少遵守海关程序所需的任何担保金额； ● 减少常规文件和物理检查； ● 优先处理关税和估价决定请求； ● 当货物被拦截或扣留进行查验时，优先使用非侵入性检查技术。

3.1.4.6 坦桑尼亚

项目名称	发布日期	范围	经营者类型	立法	进一步计划（截止日期）	其他
合规贸易商计划	2007 年 7 月	进口	运输公司、进口商（58 家合作伙伴，截至 2012 年 6 月）	EACCMA 模型	扩大清关和运输机构的计划，从长远角度将纳入其他供应链运营商。	无

3.1.4.7 赞比亚

计划名称	发布日期	范围	经营者类型	经营者数量	立法	进一步计划（截止日期）
海关认证企业计划（CACP）	2007 年 11 月作为试点；于 2008 年 6 月 12 日向进口界开放	进口	任何符合计划要求的企业	12 家	《海关条例》第 188 条，这项立法规定海关审计员要求在赞比亚开展业务的每个人出示账簿和记录以供审查；逾期不办理将违反海关法的规定；第 188（3）款规定了制裁方式。	在开始扩大计划范围至出口商、代理商、保税仓库运营商、运输商和货运代理在内的所有相关贸易商和运营商之前，审查计划并应对挑战。

资格认可（要件、过程）	益处
过程： ● 贸易商申请加入该计划； ● 贸易商根据核对表进行自我评估； ● 海关对自身的尽职调查评估。 **评估：** ● 海关进行全面审核； ● 改进方案协议； ● 随签署的谅解备忘录（MOU）正式或预备加入该计划。	● 在最低限度的监管下放行货物； ● 边境优先通关； ● 在特定条件下对特定货物进行预清关； ● 定期结税（通过 A++信贷安排）； ● 绿色通道全程电子通关，事后以纸质形式呈现； ● 为在项目范围内运作提供具体的培训和支持； ● 分配 1 名案例经理，作为与海关联系的主要联系人，处理项目或其运营中出现的任何问题； ● 一旦正式授权，允许使用“认证客户”标志； ● 有可能将其认证扩展到在世界海关组织《全球贸易安全与便利标准框架》下拥有类似项目的其他国家和地区； ● 加强认证企业与赞比亚税务局之间的沟通； ● 提高企业对海关要求的理解； ● 减少海关审核，因为依赖客户的内部系统和控制； ● 通过认证，为政府、客户和供应商树立良好的形象； ● 在客户场地安装 ASYCUDA； ● 自行退税确认； ● 优惠待遇； ● 谈判额外利益的机会。

3.1.5 世界海关组织亚太地区

3.1.5.1 柬埔寨

计划名称	发布日期	范围	经营者类型	经营者数量	立法	进一步计划（截止日期）
高度合规贸易商激励机制	2013年4月11日	进口、出口	进口商、出口商	8家	2013年4月11日关于高度合规贸易商激励机制的部长令第452号； 2014年2月27日GDCE关于实施高度合规贸易商激励机制标准确定的第278号决定； 2014年2月27日GDCE关于设立和运营最佳贸易商管理单位的第279号决定。	无

资格认可（要件、过程）	益处
有意申请成为最佳贸易商集团成员的公司，须按照以下程序办理： ● 提交申请表； ● 资格验证； ● 向经济和财政部提交批准函； ● 证书的发给。	BTG成员将获得以下一系列奖励待遇： ● 在文件交付、实物检验/单据核对、货物清关等环节的优先权，不按先进先出原则排队； ● 无须押金即可办理海关预清关手续； ● 免除海关预估价程序； ● 免除原产地规则的预验证程序； ● 根据现行规定，货物由一个以上集装箱组成时，受交叉扫描机扫描的集装箱数量减少，不超过装运集装箱总数的50%； ● 在未来获得由GDCE决定的预到港许可和其他奖励。

3.1.5.2　斐济

计划名称	发布日期	范围	经营者类型	经营者数量	立法	进一步计划（截止日期）
金卡服务	2012 年 11 月 20 日	进口、出口	进口商、出口商	63 家	政府倡议； 2012 年国家预算报告； 在 FRCA 设立金卡部门。	根据需要增加公司数量。 注：会员期结束时，每两年对金卡会员进行一次审查。

资格认可（要件、过程）	益处
● 公司的意向表达； ● 日常需要税务和海关服务的公司； ● 对海关和税收最重要的收入贡献者； ● 在海关和税务责任方面具有良好的合规历史。	金卡组将为所有金卡会员提供以下服务，并为他们提供一个友善及尊贵的环境： ● 处理所有税务和海关的一般询问； ● 处理税务和清关申请； ● 在不影响合规的前提下，促进并优先处理退货、申请、交存、请求、服务和评估审查； ● 接收所有税款和罚款； ● 所有 FRCA 业务部门内的直接转介。 ● 引入经认证的经济经营者（AEO）计划。 成为金卡会员的好处包括： ● 在国际到达柜台提供优先服务和最高 2000 美元的个人行李免税津贴； ● 入境事务处的护照和许可证优先服务； ● 斐济机场的行李收集和护送服务； ● 为斐济生物安全局的所有检查和清关服务提供快速通道和优先服务； ● 所有陆路运输管理局服务的快车道； ● 会员乘坐斐济国家航空公司航班时，在塔布亚俱乐部柜台优先办理登机手续。

3.1.5.3 印度

计划名称	发布日期	范围	经营者类型	经营者数量	立法	进一步计划（截止日期）
认证企业计划（ACP）	2005 年 11 月 24 日	向有能力和愿意遵守法律的进口商提供有保证的便利	进口商	362 家（截至 2016 年 2 月 1 日）	印度消费税和海关中央委员会（CBEC）第 42/2005 号通告。	

资格认可（要件、过程）	益处
“认证企业计划”用于有良好的记录，并有遵守《关税法》和海关管理的各种相关法律法规的历史的进口商。“认证企业计划”的申请资格标准如下： • 该实体应在上一财政年度进口价值 1 亿卢比（应纳税价值）的货物；或在上一财政年度支付超过 1 千万卢比的关税；或者，对于同时也是中央消费税评估机构的进口商，在上一财政年度从个人分类账户支付了超过 1 千万卢比的中央消费税。 • 该实体应在上一财政年度在 1 个或多个印度海关提交至少 25 份报关单。 • 该实体在前 3 个财政年度不应存在针对其关税、中央消费税或服务税的案件。登记的案件意味着至少应向进口商发出一份援引刑事规定的说明理由通知。 • 该实体也不应在海关实施的任何联合行动下登记任何案件。 • 申请人提交给海关的文件的质量应良好，以申请人提交的报关单中与货物分类、估价和申请免税利益相关的修改数量衡量。在上一财政年度，此类修订的数量不应超过报关单的 20%。 • 实体不应因未履行出口义务而有任何未决的关税要求。 • 实体应具有可靠的记录保存和内部控制系统，其会计系统应符合公认的会计标准。他们必须按照申请表中所载的格式，提供注册会计师在这方面的必要证明。 有意以“认证企业”身份使用该便利的进口商须根据该计划向系统理事会风险管理司申请注册，系统理事会在核实资格标准后授予 ACP 地位。已被授予认证企业资格的进口商将被要求保持高水平的合规性。	• 该计划的目标是为进口商提供有保证的便利； • ACP 企业提交的报关单在 EDI 系统中进行处理，根据进口商的自我评估，在检查包装上的标记和编号后，或在集装箱满载（FCL 货物）的情况下检查集装箱编号和封条后，允许更大数量的货物清关，无须检查； • 为 ACP 企业提供现场清关事后审核的便利； • 因此，ACP 企业可以从缩短清关时间中获益，并可以迅速处理货物，降低交易成本，节省保险、仓库和仓储费。

3.1.5.4 印度尼西亚

计划名称	发布日期	范围	经营者类型	经营者数量	立法	进一步计划（截止日期）
MITA（主要合作伙伴；优先进口商提供便利服务）	2003年	进口	进口商		2003年1月31日印度尼西亚共和国财政部长关于执行进口海关手续的一般指导的命令第07/BC/2003号； 海关总署署长令第P-11/BC/2005号，2007年6月15日，关于优先线路； 2007年8月第P-24/BC/2007号，关于主要合作伙伴。	扩大该计划以涵盖出口商。

资格认可（要件、过程）	益处
一般要求： ● 有经过验证的进口记录（良好的海关记录）； ● 充分的内部控制； ● 明确的业务性质。	● 进口商：更少的成本，更快的通关。 ● 海关：减少了进口货物的拥塞，减少了查验的数量。

3.1.5.5 斯里兰卡

计划名称	发布日期	范围	经营者类型	经营者数量	立法	进一步计划（截止日期）
合规贸易商便利计划	2013 年 10 月 14 日	为合规的贸易商提供便利	进口商	100 家经营者参与本计划	在修改立法过程中提供灵活性和针对性的解决方案，使相关风险管理原则得以落实。	通过增加本项目中的经营者数量，将便利化扩展至其他合规进口商及其供应商；扩大该计划以涵盖出口部门。
资格认可（要件、过程）				益处		
				●减少放行时间； ●降低交易成本； ●加强对法律法规的遵守； ●加强贸易商和海关之间的合作； ●更好的人力资源配置。		

3.1.6 世界海关组织欧洲地区

3.1.6.1 格鲁吉亚

计划名称	发布日期	范围	经营者类型	经营者数量	立法	进一步计划（截止日期）
黄金名单； 2008年7月15日至2010年12月31日期间使用的名称为“海关贸易合作”	2008年7月15日	进口、出口	进口商、出口商	156家	《格鲁吉亚税法》第224条； 格鲁吉亚财政部长令第290号（2012年7月26日）关于批准格鲁吉亚关税区货物运输和清关指示的第二十一章。	定期申报的实施。

资格认可（要件、过程）	益处
进入“黄金名单”的条件如下： • 在税务局选择候选人或登记候选人申请的日历月的第1天起的第1年（连续12个日历月）内： 格鲁吉亚境内的进口或出口程序申报的货物的高关税价值——至少5000万拉里； 支付进口关税的价值至少90万拉里，或为进口或出口货物提交的货物申报至少为100份。 • 从税务局选择候选人或候选人申请登记的日历月的第一天起： 对《格鲁吉亚税法》第289条第4、5、10、11、19~21款规定的税务违法行为，没有有效的纳税责任追究决定（该税务违法责任追究决定生效之日起1个日历年）。	根据格鲁吉亚财政部第290号令（2012年7月26日）关于批准货物在格鲁吉亚关境内转移和清关指示的规定，“黄金名单”成员有权： • 从格鲁吉亚关境进口或出口货物时使用简化的程序； • 关税、进口增值税、进口消费税可延期30天缴纳； • 可以把货物放在私人场所； • 在自动化数据系统“ASYCUDA”中填写商品报关单； • 非工作时间的服务费用不加倍。

3.1.6.2 哈萨克斯坦

计划名称	发布日期	范围	经营者类型	经营者数量	立法	进一步计划（截止日期）
AEO	2013 年	对外经济活动	进口商、出口商、制造商	核准经认证经营者名册包括 111 家公司，其中正在运营 63 家公司、暂停 35 家公司、撤销 13 家公司。	《关税同盟海关法》《哈萨克斯坦共和国海关法》	发展符合国际要求和符合国际标准的 AEO 研究所； 建立框架伙伴关系，以发展和支持国家税务机关与 AEO 之间的伙伴关系。

资格认可（要件、过程）	益处
经认证的经营者身份的转让条款为： • 根据《哈萨克斯坦共和国海关法》，支付关税和税款的一般保证金期限不少于 1 年，金额等于 100 万欧元；从事生产货物或出口货物的人员，根据委员会的决定确定的标准，只要在市场交易中支付相当于 15 万欧元的关税和税款，按担保授予之日《哈萨克斯坦共和国税法》规定的市场汇率计算，就不需要缴纳出口关税。 • 在向海关申请经认证经营者身份之日起 3 年内实施对外经济活动，且每年申报货物不少于 10 件。 • 根据在向海关提出申请之日的哈萨克斯坦共和国海关法规，没有欠海关税费。 • 根据在向海关申请之日的哈萨克斯坦共和国税收立法，无债务（欠款）。 • 在向海关提交申请之日，申请者的创始人和控股股东不存在根据《哈萨克斯坦共和国刑法》被定罪的事实。 • 根据哈萨克斯坦共和国行政犯罪立法，申请人在向海关申请 1 年内没有具有事实依据的行政责任。	**经认证经营者享有以下特殊简化：** • 在经认证经营者的经营场所、室外区域和其他区域临时储存货物； • 在海关过境实施程序中，海关不应要求提供支付关税和税款的担保； • 在提交报关单之前执行海关手续的优先顺序，以及按照海关手续办理的优先顺序； • 在定期报关期间，确保不缴纳关税和税款。 **经认证经营者享有以下额外的特殊简化：** • 与生产货物、设施、户外区域、领土、经认证经营者相关的海关业务； • 根据哈萨克斯坦共和国海关法规，货物在提交海关申报前放行； • 按照哈萨克斯坦共和国海关法规规定的顺序，为经认证经营者办理海关过境手续。

续表

资格认可（要件、过程）	益处
• 拥有自动化库存系统，可以将清关过程中提交给海关当局的信息与进行商业交易的信息进行比较；具有审计报告，或截至转让声明之日的 3 年测试期审计报告，其中包含不少于 50 万欧元的法人实体权益信息，按哈萨克斯坦共和国法律规定的市场汇率计算；对哈萨克斯坦共和国会计和财务报告立法对会计制度和财务报告要求的遵守情况。 • 拥有所有权或经济管理权、经营管理权或租赁（转租）权，或基于其他法律依据，拥有相关文件确认的生产经营区域、开放区等。经认证的经营者资格被授予满 1 年后，经认证的经营者有权向海关业务范围内的授权机构提出申请，在哈萨克斯坦共和国海关规定的条件下获得额外的特殊简化。此外，哈萨克斯坦共和国的法律规定了暂停、续期和撤销登记册所载证书有效性的程序。	

3.1.6.3 俄罗斯

计划名称	发布日期	范围	经营者类型	经营者数量	立法	进一步计划（截止日期）
AEO	2011年9月14日	俄罗斯联邦	1. 从事生产活动的法人； 2. 不从事生产活动的法人	145家	《关税同盟海关法》第38-41条； 2010年11月27日《联邦法》第6章第311-FZ号“俄罗斯联邦海关监管”； 2011年9月14日俄罗斯联邦海关第1877号命令批准的《联邦海关在册经认证的经营者提供公共服务的行政条例》。	目前，《欧亚经济联盟海关法草案》中“经认证的经营者”一章的制定工作正在进行中。

资格认可（要件、过程）	益处
法人取得AEO资格的主要条件： • 完成海关税费的缴纳； • 至少1年的对外贸易活动； • 没有未履行的关税、其他税费、罚款义务； • 无税法规定的债务； • 1年以上没有具有事实依据的海关违法行政责任； • 符合海关要求的账户系统； • 俄罗斯联邦法律规定的其他要求和条件。	• 减少报关和货物放行过程中海关作业的时间； • 在（经认证的经营者）自己的仓库临时存放货物； • 办理与放行货物相关的海关业务，包括终止海关手续； • 在特定情况下，不需要在报关前提供货物在海关转运和放行过程中缴纳的关税、税金。

3.1.6.4 塞尔维亚

计划名称	发布日期	范围	经营者类型	经营者数量	立法	进一步计划（截止日期）
简化通关程序	自2010年10月10日起，适用发票简化程序； 自2011年6月1日起，适用收货人/发货人场所的简化程序。	进口、出口	进口商、出口商	截至2010年10月1日，使用基于商业文件的简化程序的公司数量为256家； 截至2011年4月4日，在收发货人经营场所使用简化进出口手续的公司有84家，共发出133份授权书	自愿参与； 《海关法》（自2010年5月3日起生效）； 《海关认可货物处理条例》第21~40条（自2011年1月1日起生效）。	审查向海关提交的现有解释，以便统一操作和创新。
资格认可（要件、过程）						益处
根据会计凭证的不同，简化通关的授权分为两种： ● 授权在进口程序中使用简化的通关程序； ● 授权在出口程序中使用简化的通关程序。 **认证过程：** ● 经济主体应向主管海关申请简化通关手续（1类或2类）。 ● 主管部门（海关和总部）应审查申请，专门成立的工作组应当对报送的文件进行审查。 ● 清关后稽查部门应在对公司业务进行全面稽查后，将意见和建议以书面形式提交工作组。工作组应根据建议和意见，最终由总部向主管海关提出意见，由主管海关批准简化进出口手续或者不予受理。海关应当在提交申请之日起60日内予以答复。						● 当地清关； ● 简化程序； ● 事后海关程序； ● 降低成本； ● 提高经认证的经营者的竞争力。

3.2 即将启动的海关合规计划

3.2.1 世界海关组织东部和南部非洲地区

3.2.1.1 安哥拉

<table>
<tr><th>名称</th><th>发布日期</th><th>范围</th><th>经营者类型</th><th>立法</th><th>进一步计划（截止日期）</th></tr>
<tr><td>优先经营者计划</td><td>2015 年 6 月，10 家大型公司</td><td>进口</td><td>进口商</td><td>具体立法将很快通过。</td><td>未来两年的目标是制订一个完整的 AEO 计划并签署双边互认协议。</td></tr>
<tr><th colspan="4">资格认可（要件、过程）</th><th colspan="2">益处</th></tr>
<tr><td colspan="4">目前正在根据世界各地现有的不同方案，例如，C-TPAT、PIP、SIP、SES，开展差距分析。将通过的方案是日本、瑞士和欧洲联盟已经执行的安全和便利措施的结合。</td><td colspan="2">● 提高资源利用效率（更好地针对进口和高风险商品）；
● 通过使用风险预测和稽查监管，减少了对每项交易的控制，降低了税收和成本；
● 通过贸易便利化措施增加货物的流动和流通（更加灵敏）。</td></tr>
</table>

3.2.2 世界海关组织亚太地区

3.2.2.1 蒙古国

名称	发布日期	范围	经营者类型	立法	进一步计划（截止日期）
合规计划	2015年	进口、出口	第一阶段——进出口商； 第二阶段——货运代理和货运代理项目； 第三阶段——仓储企业和报关企业	《蒙古国海关法》第271.1.16条蒙古国海关总署关于企业合规水平测度方法的令号，2014年9月11日第A151号。	计划在2015年年底前扩大到排名前两位的进口商和排名前两位的出口商； 计划与其他国家（地区）启动双边互认协议谈判。

资格认可（要件、过程）	益处
要求： • 从事至少3年的对外贸易活动； • 良好遵守海关要求的历史； • 良好地维护可核查的商业记录； • 经证实的财务偿付能力。 认证： • 自我评估； • 提交申请； • 内部和外部信息验证； • 验证审核（现场访问）； • 中央海关批准； • 签发证书； • 根据风险评估定期检查文件和验证后审计。	• 根据风险评估，取消文件检查或减少物理查验； • 用最少的数据，简化流程通关； • 免除进口通关押金义务； • 每月分期缴纳关税、税金； • 指派专人协助公司协调和解决海关问题； • 在进口商想要的地方进行检验。

3.2.2.2 东帝汶

名称	发布日期	范围	经营者类型	经营者数量	立法	进一步计划（截止日期）
安全经营者（SEO）计划	将在2016年第三季度报告中发布	进口、出口	进口商和出口商	公司申请SEO计划后获取	东帝汶的海关法规将于明年推出。	
资格认可（要件、过程）					益处	
• 标准1——公司信息； • 标准2——合规记录； • 标准3——公司会计及物流系统； • 标准4——财务偿付能力； • 标准5——安全要求。					• 加快处理和放行货物，并进行最少的货物查验； • 排队等候检查的集装箱和货物，属于SEO成员的集装箱和货物可首先由海关官员或集装箱检查机构进行检查； • 通过减少检查，加快海关处理速度； • 简化贸易数据报告的事后清关程序，拨出更多时间提供详细的贸易数据； • 通过提高客户对其义务的认识促进合规； • 自我审核的资格。	

4. 与其他国家（地区）和国际机构的合作（MRA 除外）

4.1 世界海关组织美洲和加勒比地区

4.1.1 加拿大（国家级）

涉及项目	相关机构	立法	经营者类型	进一步计划（截止日期）	其他
1. 保护合作伙伴计划（PIP） 2. 海关自评（CSA）	1. PIP：加拿大交通部 2. CSA：加拿大食品检验局、加拿大自然资源局	1. PIP：没有具体的 AEO 立法 2. CSA：《海关法》第 32 条关于关税和税收的计算和支付规定	1. PIP：进口商、出口商、承运人（铁路、海运、空运、公路）、报关公司、快递公司、仓库经营者、货运代理 2. CSA：进口商和承运人		

资格认可（要件、过程）	益处
1. PIP： 受保护合作伙伴计划（PIP）与联邦政府内的其他政府部门和机构（OGD）合作，以实现其在确保国际供应链的同时促进贸易的目标； 通过加拿大边境服务局（CBSA）与加拿大交通局（Transport Canada）的谅解备忘录，PIP 从公共和 CBSA 商业数据库收集关键信息，并与加拿大运输局共享这些信息，以满足它们的需求。 2. CSA： 海关自评计划与 OGD 合作，扩大符合该计划的货物范围； CSA 目前正在与 OGD 进行试点项目，如加拿大食品检验局和加拿大自然资源局，以便根据 CSA 计划对边境上有 OGD 要求的货物进行清关。	1. PIP 和 CSA： PIP 和 CSA 跨部门合作有助于 CBSA 履行其提供综合边境服务的职责，支持国家安全和公共安全优先事项，促进人员和货物自由流动，同时协助其他政府部门完成其任务。 2. CSA： 这些试点项目有利于 CSA 进口商，也有利于 CBSA，使其能够重点关注边境地区的高风险和未知风险。

4.1.2 加拿大（国际级）

涉及项目	相关机构	立法	经营者类型	进一步计划（截止日期）	其他
1. 加拿大和美国 加拿大的保护合作伙伴计划（PIP）和海关自评项目（CSA），以及美国海关—商贸反恐怖联盟（C-TPAT）和进口商自我评估项目（ISA）。 2. 加拿大和秘鲁 加拿大的 PIP 项目和秘鲁的经认证的经营者（AEO）项目。 3. 加拿大及美洲和加勒比地区 加拿大的 PIP 项目和美洲和加勒比区域海关总干事区域会议（RCCDG）的 AEO 区域战略。		1. 加拿大边境服务局（CBSA）和美国海关和边境保护局（CBP）。 2. CBSA 和秘鲁海关和税务管理局（SUNAT）。 3. CBSA 和 AEO 区域战略指导委员会。	1. 加拿大的 PIP：没有具体的 AEO 立法。 2. 加拿大的 CSA：《海关法》第 32 条关于关税和税收的计算和支付规定。	1. PIP：进口商、出口商、承运人（铁路、海运、空运、公路）、报关公司、快递公司、仓库经营者、货运代理。 2. CSA：进口商和承运人。	1. 加拿大和美国。 2. 加拿大和秘鲁。 3. 加拿大及美洲和加勒比地区。

续表

合作领域（申请流程、联合审核、联合监控、联合重新评估）	各机构和/或方案参与者的益处
1. 加拿大—美国： 在发表了题为《超越边界：周边安全和经济竞争力的共同愿景》的联合声明之后，加拿大和美国制订了一项相关行动计划，以实现加强安全和加快合法人员、货物和服务流动的目标。正如《超越边界行动计划》所述，两个项目采用共同框架将使项目需求一致，并提高成员的利益。 2. 加拿大—秘鲁： 加拿大目前正在探索能力建设项目的可行性，以协助秘鲁加强其 AEO 项目。 3. 加拿大—美洲和加勒比地区： 在美洲和加勒比区域海关总监区域会议（RCCDG）决定根据世界海关组织（WCO）指南起草实施经认证的经营者（AEO）计划的区域战略后，加拿大被认定为主题专家，并被任命为指导委员会成员，负责起草 AEO 区域战略及其实施行动计划。	1. 相关项目的好处包括：当申请者同时申请加拿大和美国的项目时，他们将有机会提交一份申请，并收到一份网站验证。开发基于 Web 的应用程序处理系统（Web 门户），以简化项目申请、管理和信息交换。优化海关管理部门和项目成员资源分配，使他们更加关注风险更大的领域。站点验证的互认可以避免程序和成员的重复操作，从而提高效率。改善政府和行业的供应链安全。 2. 秘鲁的 AEO 项目将受益于项目专业知识的获得和最佳实践的分享；秘鲁的 AEO 项目成员将受益于改进的商业贸易项目；美洲和加勒比地区将受益于改进的区域 AEO 项目，该项目反过来可以为该地区的项目发展提供援助。 3. RCCDG《AEO 区域战略实施行动计划》的制定将带来包括促进和发展本地区 AEO 项目在内的效益；增加该地区的 AEO 项目成员；加强与工业界、外国海关和国际组织的伙伴关系；促进区域内和世界范围内的双边互认协议，这将有助于提高国际供应链的安全。

4.1.3 乌拉圭（国家级）

涉及项目	相关机构	范围	经营者类型	立法	进一步计划（截止日期）	其他
商品供应链中南方共同市场内海关安全项目	乌拉圭、阿根廷、巴西和委内瑞拉的海关机构	南方共同市场2/09号决议	出口商、海关代理和承运人	建立国家间信息交流机制； 在各国之间建立一个试点项目，以调整项目设计； 两国签署互认协议。	商品供应链中的共同市场内海关安全计划。	
合作领域（申请流程、联合审核、联合监控、联合重新评估）				**各机构和/或方案参与者的益处**		
				最低控制和灵活性： ——货物在未经查验的情况下优先越境放行，在被选择查验的情况下，将优先查验； ——缔约方认证的公司的出口应在其他缔约方的进口清关中享有优先权，但不意味着在适用情况下没有管制。 中心对AEO进行专属关注：AEO任何时候有需要，应前往中心，便能得到迅速的帮助。 商品供应链中南方共同市场内海关安全试点项目标识：该项目应创建一个标识，并披露拥有该标识的公司是相关国家海关的可靠合作伙伴。		

4.2 世界海关组织亚太地区

4.2.1 中国香港（区域和国际级）

涉及项目	相关机构	立法	经营者类型	进一步计划（截止日期）	其他
海关合作安排（21 项双边安排）； 海关合作协议（1 份双边协定）	21 个海关、欧盟海关				
合作领域（申请流程、联合审核、联合监控、联合重新评估）			各机构和/或方案参与者的益处		
缔约双方为适当适用海关法和打击跨国海关犯罪而相互提供行政援助（例如交换信息、情报、最佳做法）。			加强海关执法能力。		

4.2.2 印度尼西亚（国家级）

涉及项目	相关机构	立法	经营者类型	进一步计划（截止日期）	其他
受管制代理人	印度尼西亚交通部民航总局	民航总局局长 2012 年第 152 号关于航空货物和邮件安全的规定	经营航空运输业务的法人单位（以机场或航空货邮为主）； 具有正规生产能力的厂家。	经认证的经营者将被等同于受管制代理人。	

合作领域（申请流程、联合审核、联合监控、联合重新评估）	各机构和/或方案参与者的益处
航空货运及邮件安保方面的合作程序如下： 货物和邮件准入； 查验； 储存； 堆放； 装载到飞机上； 放置在飞机上； 空运。	确保空运货物的供应链安全； 能够对空运货物进行有效查验。

4.2.3 日本（国家级）

涉及项目	相关机构	立法	经营者类型	进一步计划（截止日期）	其他
AEO 与已知发货人、受管制代理人项目之间的合作	日本海关和国土、基础设施、交通和旅游部	国家民用航空安全计划	出口商（托运人）	AEO 与已知发货人、受管制代理人项目之间的合作。	

合作领域（申请流程、联合审核、联合监控、联合重新评估）	各机构和/或方案参与者的益处
申请流程。	能够避免重复申请流程。

4.2.4 新加坡（国际级）

涉及项目	相关机构	立法	经营者类型	进一步计划（截止日期）	其他
AEO：安全贸易伙伴关系（STP）； 管制航空货运代理制度（RCAR）； 部际供应链安全委员会（IMSCSC）与国家其他政府部门合作	IMSCSC 由 15 个政府机构组成	RCAR：《航空（受管制航空货运代理）规例》	所有新加坡的供应链运营商，包括航空货运代理	完成新加坡 STP 与 RCAR 的对接研究； 在供应链安全和便利方面进行协调和合作。	

合作领域（申请流程、联合审核、联合监控、联合重新评估）	各机构和/或方案参与者的益处
IMSCSC 讨论所有与供应链安全相关的问题，并为各机构合作提供方向，以改进国家实践，并进一步为全球供应链安全做出贡献； 新加坡海关已接受 IMSCSC 的委托，负责协调 STP 和 RCAR 的研究； 新加坡海关正与新加坡警务处（机场警务科）紧密合作。	各机构在 IMSCSC 下合作并共同作出决策，以平衡供应链安全与便利； STP 和 RCAR 的结合可能会减轻监管机构和私营部门的行政负担。

4.3 世界海关组织欧洲地区

4.3.1 欧盟（欧盟级和成员国级）

涉及项目	相关机构	立法	经营者类型	进一步计划（截止日期）	其他
1. AEO 2. 受管制代理人 3. 已知的发货人	海关部门（AEO-网络群组、CCC-Gen AEO 子组、EOS-群组）； 民航部门； 海事安全管理局	民用航空安全领域共同规则（欧洲共同体）第 300/2008 号； 委员会（欧盟）第 185/2010 号条例规定了实施航空安全共同基本标准的具体措施； 关于加强船舶和港口设施安全的（欧洲共同体）第 725/2004 号条例； 委员会（欧洲共同体）第 324/2008 号条例规定了修订版实施程序； 委员会在海事安全领域的检查。	参与海关法律法规所涵盖活动的人员； 航空公司、货运代理； 发货人在港口经营的公司	目前正在讨论修订有关的立法和其他相关工具，以便进一步发展现有的合作。	

合作领域（申请流程、联合审核、联合监控、联合重新评估）	各机构和/或方案参与者的益处
所有指定领域。	合作对主管部门和计划参与者是有益的。 对于主管部门：通过避免重复，更有效地利用资源；通过更有效地交换信息，强化各自的方案。 对于计划参与者：避免重复检查和考察。

5. 世界贸易组织《贸易便利化协定》[①]

2013 年 12 月，世界贸易组织成员在巴厘部长级会议上通过了《贸易便利化协定》（TFA）。为响应这一决定，世界海关组织政策委员会于2013 年 12 月发布了《都柏林决议》，该决议规定世界海关组织将立即与世界贸易组织就《贸易便利化协定》的治理和未来实施进行研究。

《贸易便利化协定》载有 12 条关于贸易便利化的条款（第一节），对发展中国家和最不发达国家的特殊和差别待遇（第二节），以及体制安排和最后规定（第三节）。它主要处理与海关有关的问题，并预期与其他政府机构进行协调。

《贸易便利化协定》第 7.7 条（对世界贸易组织授权经营者的贸易便利化措施）纳入了对世界贸易组织授权经营者（AO）的贸易便利化措施。在这方面，AO 是符合一定标准的特定贸易商，因此可以从额外的贸易便利化措施中获益。

标准应与合规性或不合规性风险有关。它们可能包括适当的海关和其他有关规定的守法记录，必要的内部控制记录管理系统、财务偿付能力和供应链安全。需要注意的是，这些标准都不是强制性的。因此，AO 计划可能只包括其中的一部分。

如果达到规定的标准，AO 将至少从以下贸易便利化措施中的 3 个获益：低文件和数据要求、低查验率、快速放行时间、延期缴纳关税/税收、使用综合担保或减少担保金、定期报关、在 AO 的经营场所或海关授权的其他地方进行货物通关。

必须区分世界贸易组织《贸易便利化协定》中规定的 AO 和世界海关组织《全球贸易安全与便利标准框架》中定义的 AEO。AO 计划的重点是贸易合规，供应链安全可能是其中一个组成部分；而 AEO 必须始终（但不是唯一）遵守一系列安全标准，以确保供应链安全。

另一个不同点是，AEO 是基于全球标准而发布并维持地位（见世界海关组织《全球贸易安全与便利标准框架》第 2 支柱），而世界贸易组织 AO 计划显然是非标准化的，根据不同成员指定的标准和重点，各成员之间可能会有所不同。在这种情况下，对 AO 的互认可能会是一项具有挑战性的任务。

---

① 关于世界贸易组织《贸易便利化协定》的更多信息可在世界贸易组织网站上查阅，并定期更新：http：//www.wcoomd.org/en/topics/wco-implementing-the-wto-atf/wto-agreement-on-t。

因此，世界贸易组织《贸易便利化协定》第 7.7 条第 7.4 款鼓励各成员根据国际标准制订 AO 计划。《经修订的京都公约》及其指导方针和世界海关组织《全球贸易安全与便利标准框架》提供了这些标准。对于未来任何有意义和有效的互认而言，根据一套商定的共同标准就 AO 计划达成共识至关重要。

6. 双边互认协议（MRA）

在世界海关组织《全球贸易安全与便利标准框架》下，鼓励海关与企业以及彼此之间建立伙伴关系，以促进贸易安全与便利。它呼吁海关相互合作，建立 AEO 授权和认证的互认、海关安全管制标准和管制结果互认，以及消除或减少多余或重复工作可能需要的其他机制。

互认是世界海关组织《全球贸易安全与便利标准框架》内一个广泛的概念，在该框架内，其中一个海关采取的行动、做出的决定或正确批准的认证，得到另一个海关的承认和接受。将这一行动或决定正式化的文件被称为双边互认协议（MRA）。

AEO 互认的目的是，一个海关承认另一个海关根据另一个方案发布的认证结果和 AEO 授权，并同意向互认的 AEO 提供实质性的、相对的和（如有可能的）互惠的利益/便利。这种承认通常以两个或两个以上相关立法的存在或者创设两个或两个以上具有业务兼容性的方案为前提。

对 AEO 计划的相互承认可能最终导致供应链安全和合规标准的全球化，因此，对于那些寻求真正的全球供应链安全和合规利益的公司来说，这一点非常重要。

6.1 已签署的 AEO 国际互认（39 个）①

日期	国家（地区）	日期	国家（地区）
2007 年 6 月	新西兰—美国	2013 年 7 月	韩国—中国
2008 年 5 月	日本—新西兰	2013 年 10 月	中国—中国香港
2008 年 6 月	加拿大—美国	2013 年 11 月	印度—中国香港
2008 年 6 月	约旦—美国	2013 年 12 月	以色列—中国台湾*
2009 年 6 月	日本—美国	2014 年 2 月	中国香港—韩国
2009 年 7 月	欧盟—挪威**	2014 年 3 月	韩国—墨西哥
2009 年 7 月	欧盟—瑞士**	2014 年 5 月	欧盟—中国
2010 年 6 月	加拿大—日本	2014 年 6 月	中国香港—新加坡
2010 年 6 月	加拿大—韩国	2014 年 6 月	韩国—土耳其
2010 年 6 月	加拿大—新加坡	2014 年 6 月	马来西亚—日本
2010 年 6 月	欧盟—日本	2014 年 6 月	美国—以色列
2010 年 6 月	韩国—新加坡	2014 年 10 月	美国—墨西哥
2010 年 6 月	韩国—美国	2014 年 12 月	美国—新加坡
2011 年 1 月	安道尔—欧盟**	2015 年 3 月	以色列—韩国
2011 年 5 月	日本—韩国	2015 年 4 月	韩国—多米尼加共和国
2011 年 6 月	韩国—新西兰	2015 年 6 月	中国香港—泰国
2011 年 6 月	日本—新加坡	2015 年 10 月	印度—韩国
2012 年 5 月	欧盟—美国	2015 年 11 月	瑞士—挪威
2012 年 5 月	欧盟—中国台湾*	2015 年 12 月	美国—多米尼加共和国
2012 年 6 月	中国—新加坡		

* 中国台湾作为非成员。

** 欧盟与瑞士、欧盟与挪威、欧盟与安道尔之间的 AEO 协定不是传统的双边互认协议。这些协议的互认只适用于间接出口，因为它们之间不存在与货物运输有关的海关安全措施。

① 截至 2016 年。

6.2 谈判中的 AEO 国际互认（31 个）[①]

国家（地区）	国家（地区）
巴西—韩国	泰国—韩国
中国—日本	哥斯达黎加—墨西哥
欧盟—加拿大	中国—美国
加拿大—墨西哥	中国香港—马来西亚
加拿大—以色列	中国香港—日本
马来西亚—泰国	中国香港—欧盟
新西兰—新加坡	新西兰—中国
挪威—瑞士	泰国—新加坡
美国—巴西	美国—印度
中国—以色列	美国—秘鲁
中国—瑞士	美国—乌拉圭
中国—哈萨克斯坦	瑞士—日本
塞尔维亚—土耳其	中国—巴西
澳大利亚—新西兰	哈萨克斯坦—土耳其
中国香港—中国台湾*	哈萨克斯坦—韩国
阿加迪尔协议成员国（约旦、突尼斯、埃及和摩洛哥）	

*中国台湾作为非成员。

① 截至 2016 年。

6.3 每个国家（地区）的AEO国际互认数量①

世界海关组织地区	国家（地区）	已签署数量	谈判中数量
美洲和加勒比地区	巴西	0	2
	加拿大	4	3
	哥斯达黎加	0	1
	多米尼加共和国	2	0
	墨西哥	2	2
	秘鲁	0	1
	乌拉圭	0	1
	美国	10	5
中东和北非	约旦	1	0
亚太地区	中国	4	6
	中国香港	5	4
	印度	2	1
	日本	7	3
	韩国	10	3
	马来西亚	1	1
	新西兰	3	3
	新加坡	6	2
	泰国	1	3
欧洲	安道尔	1	0
	欧盟	7	2
	以色列	3	2
	哈萨克斯坦	0	2
	挪威	2	1
	塞尔维亚	0	1
	瑞士	2	2
	土耳其	1	1

① 截至2016年。

附件：项目清单

附件 1　运行中的 AEO 项目（69 个）①

世界海关组织地区	国家（地区）	名称	类型
美洲和加勒比地区（16 个）	阿根廷	可靠经营者的海关制度（SAOC）	出口
	玻利维亚	AEO	出口
	巴西	AEO	进口/出口
	加拿大	保护合作伙伴计划（PIP）	PIP —进口/出口
	哥伦比亚	AEO	进口/出口
	哥斯达黎加	可靠贸易海关便利化计划（PROFAC）	出口
	多米尼加共和国	AEO	进口/出口
	厄瓜多尔	AEO—GT	出口
	危地马拉	AEO—GT	进口/出口
	牙买加	AEO	进口/出口
	墨西哥	认证公司新计划（NEEC）	进口/出口
	尼加拉瓜*	AEO	
	巴拿马*	AEO	
	秘鲁	AEO	出口
	乌拉圭	符合资质的经营者	进口/出口
	美国	海关—商贸反恐怖联盟（C-TPAT）	进口
中东和北非（3 个）	埃及	AEO—埃及	进口/出口
	约旦	黄金名单	进口/出口
	摩洛哥	AEO	进口/出口
东部和南部非洲（3 个）	布隆迪	AEO	进口/出口
	肯尼亚	AEO	进口/出口
	乌干达	AEO	进口/出口

① 截至 2016 年。

续表

世界海关组织地区	国家（地区）	名称	类型
亚太地区（12个）	澳大利亚	澳大利亚诚信贸易商计划（ATT）	进口/出口
	中国	企业分类管理	进口/出口
	中国香港	中国香港 AEO 计划	进口/出口
	印度	AEO	进口/出口
	印度尼西亚	AEO	出口
	日本	AEO	进口/出口
	韩国	AEO	进口/出口
	马来西亚	AEO	进口/出口
	新西兰	安全出口计划（SES）	出口
	新加坡	安全贸易伙伴关系（STP）	进口/出口
	泰国	AEO	进口商/出口商/报关公司
	越南	AEO	进口/出口
欧洲（35个）	安道尔*	AEO	
	欧盟（28国）	AEO	进口/出口
	以色列	AEO	进口/出口
	摩尔多瓦共和国	AEO	进口/出口
	挪威	AEO	进口/出口
	塞尔维亚	AEO	进口/出口
	瑞士	AEO	进口/出口
	土耳其	AEO	进口/出口

*信息不可用。

附件 2 即将启动的 AEO 项目（16 个）[①]

世界海关组织地区	国家（地区）	名称	类型
美洲和加勒比地区（2个）	智利	AEO	出口
	萨尔瓦多	萨尔瓦多经认证的经营者（OEA-SV）	进口
中东和北非（1个）	突尼斯	AEO	进口/出口
西非和中非（2个）	科特迪瓦	AEO	进口/出口
	刚果民主共和国	AEO	进口/出口
东部和南部非洲（3个）	博茨瓦纳	特兰斯卡拉哈里认证计划	进口/出口
	塞舌尔	AEO	进口/出口
	南非	AEO	进口/出口
亚太地区（2个）	孟加拉国	AEO	出口
	菲律宾	AEO	进口/出口
欧洲（6个）	亚美尼亚	AEO	
	格鲁吉亚	AEO	进口/出口
	冰岛	AEO	进口/出口
	俄罗斯	AEO	
	黑山共和国	AEO	—
	马其顿共和国	AEO	进口/出口

附件 3 运行中的海关合规计划（23 个）[②]

世界海关组织地区	国家（地区）	名称
美洲和加勒比地区（3个）	巴西	蓝线（快速清关）
	加拿大	海关自我评估（CSA）
	萨尔瓦多	PACE

① 截至 2016 年。
② 截至 2016 年。

续表

世界海关组织地区	国家（地区）	名称
中东和北非（2个）	阿尔及利亚	AEO
	阿拉伯联合酋长国	黄金清单计划
西非和中非（2个）	塞内加尔	特权伙伴关系计划（PPP）
	喀麦隆	经营者履约合同
东部和南部非洲（7个）	马达加斯加	加速通关计划（PAD）
	毛里求斯	合格的贸易网用户（QTU）
	莫桑比克	AEO
	卢旺达	合规的交易商计划（金卡计划和预通关计划）
	南非	优先贸易商（两级认证 ）
	坦桑尼亚	合规贸易商计划
	赞比亚	海关认证企业计划（CACP）
亚太地区（5个）	柬埔寨	高度合规贸易商激励机制
	斐济	金卡服务
	印度	认证企业计划（ACP）
	印度尼西亚	MITA
	斯里兰卡	合规贸易商便利计划
欧洲（4个）	格鲁吉亚	黄金名单
	哈萨克斯坦	AEO
	俄罗斯	AEO
	塞尔维亚	简化通关程序

附件4 即将启动的海关合规计划（3个）[①]

世界海关组织地区	国家（地区）	名称
东部和南部非洲（1个）	安哥拉	优先经营者计划
亚太地区（2个）	蒙古国	合规计划
	东帝汶	安全经营者（SEO）计划

① 截至2016年。